HOROSCOPE NATURE

CHEVREUIL

Frédéric Maisonblanche

LE HAMEAU

dans la même collection,
découvrez les signes :

AIGLE   MAISON
CHIEN   ROSEAU
CROCODILE   SERPENT
FLEUR   SILEX
JAGUAR   SINGE
LAPIN

Illustrations et maquette de couverture : Corinne Jacq
Fabrication : Claude Crozon

© le hameau éditeur J.P.C. - 1984
15, rue Servandoni 75006 Paris - Tél. 329.05.50
ISBN 2 7203 0036 5
Pour recevoir notre catalogue, écrivez-nous. Il vous sera adressé sans frais.

TABLE DES MATIÈRES

1.

L'ASTROLOGIE
AZTEQUE

Les mystères d'une civilisation

D'où viennent les Aztèques ? Et d'où viennent leurs connaissances notamment en mathématiques, en astronomie,
en astrologie ? Ce peuple se révèle en effet au fil des siècles
comme ayant atteint un degré supérieur dans l'art d'obser-
ver le ciel et d'analyser les mouvements planétaires.

D'où viennent leur sagesse et leur philosophie de vie, leurs
exceptionnelles aptitudes artistiques et poétiques ? Car il est
vrai que la culture des Aztèques, faite de magie, de spiritua-
lité, de métaphysique et de poésie, vient d'autres mondes !
Non pas d'une quelconque planète extra-terrestre mais de
terres lointaines, par delà les mers.

Quelques trente siècles avant notre ère, les eaux du détroit
de Béring étaient recouvertes de glace et cette route d'eau
gelée fut une voie de pénétration pour des explorateurs
venant d'Asie. Pendant des millénaires, ce pont de glace
permit le passage de contingents humains à la recherche de
terrains de chasse toujours renouvelés. Or, ces peuples
migratoires emportaient dans leur tête primitive des
embryons de connaissances. Ils véhiculaient dans leur
inconscient des fascinations pour les mystères de l'univers :
le jour et la nuit, le froid et le chaud, les ouragans et autres
cataclysmes, et les moments de paix célestes... Ils se racon-
taient les rythmes inlassables des phénomènes du ciel et de la
terre avec l'angoisse que tout s'arrête un matin et qu'une
nuit éternelle fasse mourir leur soleil.

Lorsque les glaces fondirent, vers le 8e millénaire avant notre siècle, le pont Asie/Amérique fût rompu. Et c'est alors que le continent américain se trouva isolé, livré à lui-même. Des transformations climatiques accompagnèrent la disparition des glaces et un nouveau monde remplaça la première terre d'accueil. Les peuples en place durent s'habituer à vivre en circuit fermé et le "bagage" culturel des premiers temps se trouva enrichi d'idées originales, d'observations nouvelles, de découvertes et d'inventions non exemptes de poésie. Le germe d'une connaissance diffuse du ciel étant dans la place, il suffisait qu'il soit cultivé avec art et dévotion pour devenir l'astrologie.

Vers les 15.000 ans avant J.C., les habitants des lieux sont des chasseurs de mammouths. Ils les tuent pour ne plus les craindre, pour s'en nourrir et utiliser leurs défenses comme pieux, armes et autres outils. Ces mêmes chasseurs, vers les 3000 ans avant J.C., découvrent l'agriculture ; ils cultivent le maïs, l'agave, ils domestiquent la terre. En même temps ils pensent à leur destin, à la vie et à la mort, ils sont à la recherche d'une "église" qui puisse les rassurer quant à leur besoin d'éternité, et d'un au-delà meilleur que l'instant présent. Au fil du temps se codifient des règles, des usages et des techniques afin de comprendre et d'exorciser les puissances célestes.

La graine de l'astrologie grandit et porte maintenant des fleurs ; elles ont nom soleil, lune, étoile du matin, grande ourse... ; les jours sont baptisés de noms d'animaux et de végétaux. Il ne s'agit plus d'avoir peur des astres et de se rassurer par des "horoscopes-placebo", mais d'entrer en communication avec les dieux et les déesses cosmiques. Et l'astrologie se fait religion astrale avec son cortège de rites, de cérémoniaux et de sacrifices. Elle a son dieu-sorcier-grand-prêtre qui sait expliquer le ciel et les étoiles, les vents du jour et de la nuit. L'astrologie se transmet de bouche à oreille dans le secret des inquiétudes ; et des glyphes et des statuettes sont tracés et sculptés comme autant de prières, de messages et d'ex-voto.

TONATIUH
dieu solaire

Un univers de paradoxes

Ils connaissaient l'écriture et leurs glyphes ne sont pas sans ressembler aux hiéroglyphes Egyptiens. On y trouve des idéogrammes lus sous forme de rébus et des phonogrammes, qui correspondent à une élaboration scripturale remarquable. Ils savaient déterminer avec exactitude l'heure et le moment des équinoxes, des solstices et des passages du soleil et ils calculaient avec un grand degré de précision les tables des révolutions synodiques de la planète Vénus. Ils usaient du chiffre zéro dans un système arithmétique vigésimal (à base du nombre vingt) qui demeure un modèle de calcul.

En revanche, ils ne connaissaient ni la roue, ni le tour, ni les animaux de trait, ni le fer... Ils vivaient à l'âge de bronze, toujours primitifs dans leur manière d'extraire les métaux, de les fondre mais non point de les travailler. Leur technique agricole et architecturale est élémentaire, comme s'il s'agissait d'un art mineur en comparaison des sciences de l'esprit et de l'art.

Ils ignoraient les échanges monétaires tout en sachant compter. Ils étaient raffinés d'esprit, de doigts et de bouche en se montrant poètes, musiciens délicats, ciseleurs, orfèvres, décorateurs et cuisiniers hors pair. A ce sujet ils connaissaient plus de dix recettes pour confectionner le cacao et plus de vingt sauces pour accommoder les ragoûts. Mais ils affichaient des coutumes sanglantes et barbares. Enfin leur langue - le nahuatl - riche, aisée et harmonieuse, au vocabulaire étendu et figuratif, est une merveille d'habileté et de distinction. Elle leur sert à poétiser, à philosopher et à ciseler des figurines de mots et d'adjectifs mais aussi à légiférer sur des sacrifices et des immolations qui se doivent de se dérouler de la plus horrible façon qui soit.

Et c'est donc dans un creuset où se mêlent de la philosophie et de l'esthétique, de la poésie et des dons pour les nuances et les images, des barbaries à visages découverts, des archaïsmes et des techniques primitives, des pratiques magico-religieuses dignes des inquisitions, que l'astrologie va devenir la clé de voûte d'un art d'exister et de sur-vivre. Et les substances astrologiques apportées au fil du temps par la curiosité et l'inquiétude des hommes trouveront dans la mentalité Aztèque un terrain de choix pour progresser dans la science cosmogonique.

XIPE TOTEC
dieu de la pluie, des plantations, des orfèvres

L'astrologue et son savoir

L'astrologue-prêtre est après le roi et parfois même avant, le personnage le plus important de la cité. Il convient de ne pas le confondre avec les quelconques sorciers qui, sans aucune reconnaissance officielle, se prétendant possesseurs de pouvoirs mystérieux et puissants, officient au coin des routes, la nuit dans les clairières et dans les caves. Mais il demeure que le sorcier aztèque comme ses frères africains et européens, connaît les remèdes qui envoûtent, endorment et transforment en statue-zombi. Il connaît les mots qui enchantent, éloignent le mauvais œil, soulagent les maux d'âme et parfois guérissent. Et ses incantations et prières sont accompagnées de distribution de champignons hallucinogènes, du genre peyotl, dont les résultats sont plus efficaces que ses bonnes paroles.

L'astrologue aztèque quant à lui est un érudit ayant fait de longues et laborieuses études à base de théologie, de sociologie, de philosophie et bien sûr d'astronomie. Il possède des connaissances étendues sur nombre de sujets et il est autant penseur que mathématicien, religieux qu'homme politique. Son éducation astrologique a été faite dans des collèges particuliers par une confrérie de prêtres-astrologues élus professeurs. Reçu à son examen et en possession de son diplôme, il s'installe alors près d'un temple de la même manière que l'avocat, autre profession privilégiée, affectionne d'être en résidence près du palais de justice dont il dépend. C'est alors qu'il est consulté par les grands du monde, les chefs d'Etat, les administrateurs, les chefs de village, les commandants militaires.

Au terme de son apprentissage, l'astrologue devait savoir :

- Que le monde où il vit est le cinquième depuis que le monde est monde.

- Que quatre autres mondes précédents ont été détruits à l'occasion de séismes, d'inondations et de fléaux effroyables. Ces quatre mondes appelés les Quatre Soleils étaient d'ailleurs destinés à être détruits, comme ce présent cinquième le sera à son tour. La première question pour l'astrologue est donc de déterminer la date précise où le cinquième soleil s'arrêtera et où les monstres de la nuit, venant d'horizons en feu et en ruines, viendront écraser tout ce qui vit encore.

- Que le temps se divise en cycles de 52 ans et que la 52e année est capitale pour la survie du monde. Que la vie ne peut donc continuer que si ''l'eau précieuse'', soit des énergies sous forme de sang, est donnée au Soleil ; d'où la nécessité de sacrifices afin ''qu'une ligature des ans'' puisse être réalisée.

- Que les êtres humains ont comme père et mère le Feu et la Terre et que ce couple prestigieux a engendré des dieux qui eurent à leur tour une progéniture dont le Monde et le Soleil.

- Mais surtout il avait à s'instruire sur l'art d'interpréter le calendrier divinatoire afin de rendre des présages utiles et rassurants. Pour ce faire, la contemplation du ciel et des étoiles, l'étude des mouvements des astres, lui étaient des travaux pratiques sacrés. Et c'est ainsi que mieux qu'astrologue, il se consacrait ''Ministre de Cultes Astraux''. Et comme tel, à l'instar de tous les astrologues du monde, il devait hésiter, lors de la contemplation du ciel, entre deux attitudes. Ou bien il manquait toujours une étoile pour être rassuré, ou bien il se montrait absolutiste et n'en voyant qu'une !

2.

LE CALENDRIER
DIVINATOIRE

Un véritable code de vie

Comprendre le calendrier Aztèque n'était pas chose facile. D'où l'indispensable secours et l'aide d'un astrologue érudit et compétent pour interpréter les cycles de la vie et de la mort, les dates favorables ou néfastes, les chiffres bénéfiques ou maléfiques. Lorsque fût exhumé sous les décombres des temples et des palais détruits lors de la chute de Mexico en 1510, le calendrier Aztèque - copie conforme de celui des Mayas et peut-être un peu moins complexe - la mentalité astrologique et magico-religieuse de ces civilisations fût approchée. Le disque de pierre, dit calendrier sacré, résume une partie des conceptions cosmologiques et chronologiques de ces peuples. Or ce calendrier avait une motivation de prédiction essentielle : calmer le pessimisme incrusté dans l'âme et l'esprit de ces hommes et de ces femmes à l'écoute des présages et des phénomènes célestes. D'où l'importance des éclipses, de la foudre, des comètes... qui se devaient d'être interprétés avec un soin spécifique. Mais comme le premier prodige était de naître, la date de naissance correspondait au point de départ d'une marche déterminée du temps à vivre, d'un "fatum" inéluctable. Et les mentalités primitives, marquées par cette idée de déterminisme et de fatalité, ne se sentaient pas en possession de possibles échappatoires pour vivre libres et libérées de leur destin écrit.

Il n'est pas impossible que la complexité des superpositions des calendriers divinatoires, vénusiens et solaires, ne soit voulue par les prêtres-astrologues pour faire cadrer subtilement des présages-annonces avec des réalités non prévues, et inversement.

Il y avait ainsi :

• un calendrier solaire de 365 jours, divisé en 18 mois de 20 jours + 5 jours additionnels (nemomtemi). Chaque mois ayant sa fête particulière d'une importance capitale.
• un calendrier sacré de 260 jours. L'année divinatoire comportait 20 noms pour chaque jour numéroté de un à treize (20 × 13 = 160).
• un calendrier vénusien équivalent à une durée de huit années solaires pour cinq années vénusiennes.

Ces trois calendriers, imbriquant leurs données avec art et désordre étaient intraduisibles, donc angoissants, pour le commun des mortels, et sujets à prédictions élaborées pour les prêtres-astrologues. Ils restent de nos jours receleurs de richesses ésotériques, éveilleurs d'intuitions et supports à une poésie astrologique.

Une alchimie de savoirs

L'astrologie Aztèque est en effet une véritable alchimie de savoirs ésotériques, astronomiques, religieux, ordonnancée autour de deux nombres : le Douze et le Vingt.

La forme circulaire du zodiaque, les divisions au nombre de douze, les signes et les planètes… appartiennent à un langage universel. Depuis la nuit des temps et dans tous les pays connus et méconnus, ces symboles sont identiques, les différences en sigles, en figures, en noms ne signifiant que des degrés différents de connaissances astrologiques et d'écritures. Il s'agit toujours de la même histoire - celle des relations entre le ciel et la terre et bien entendu les hommes qui s'y trouvent - et seule la manière de la raconter change quelque peu. Et la plus poétique n'est pas la moins crédible. Ainsi, pour l'astrologue du XXe siècle, la voie lactée est un amas d'étoiles alors que pour les Aztèques il s'agit d'un serpent dévoré tous les jours par un aigle "Dieu-Soleil venant du sud et tout de bleu vêtu''.

Le nombre Douze, nombre-clef de toutes les astrologies

Les astrologies universellement connues et réputées se servent du nombre Douze comme référence de découpage des 365 jours d'une année. Ce nombre a été adopté depuis des lustres pour sa mémorisation facile, son adaptabilité pour des partages sous-divisionnels et par sa teneur en substances symboliques. C'est ainsi que le nombre Douze, qui est "le nombre des divisions spatio-temporelles", explique les 12 signes du zodiaque découpant les 12 mois de l'année et permet de plus de multiples combinaisons dont l'une essentielle, se réalise avec le nombre sacré Quatre (quatre éléments, quatre points cardinaux, quatre saisons...) Enfin ce nombre apparaît dans la symbolique des peuples et des religions les plus anciens, comme représentant l'univers dans sa complexité, son accomplissement et son achèvement. Quelques exemples :

15

- En Chine : les douze portes du Ming t'ang correspondant aux douze stations de l'empereur et aux 12 mois de l'année.
- Chez les Hébreux, Assyriens : les 12 mois de l'année.
- Pour la religion chrétienne : les 12 portes de Jérusalem, les 12 apôtres et les 12 assises. Les 12 mois du cycle liturgique correspondant eux-même aux 12 mois de l'année.
- Pour les écrivains bibliques : Jacob avait 12 fils, ancêtres des 12 tribus du peuple hébreu. L'arbre de vie porte 12 fruits et les prêtres 12 joyaux. Jésus choisit 12 disciples. La femme de l'Apocalypse porte sur la tête une couronne de 12 étoiles.

Le nombre Douze, correspondant à un archétype astrologique exemplaire, se devait d'être retenu pour harmoniser le calendrier Aztèque au concept astrologique universel.

Or l'analyse des vingt mots retrouvés dans les archives Mayas et Aztèques et définissant la collection de jours, permet de faire entrer les "calendriers" astrologiques de ces civilisations dans le système dodéca universel. En effet certains mots sur les 20 n'apparaissent pas posséder une valeur divinatoire vérifiable avec les données des dictionnaires des symboles.

Le nombre Vingt, nombre solaire sacré

Le nombre Vingt définit pour la pensée magique Maya et Aztèque le dieu solaire, celui que tout homme voudrait être afin d'être homme parfait. D'ailleurs le nombre Vingt se dit "un homme" et se compte sur les vingt doigts du corps qui visualise quant à lui l'unité. C'est ainsi que ce nombre, dans sa fonction d'archétype de perfection, sert à découper l'année en 18 mois. Et ce découpage est la composante essentielle du calendrier divinatoire Maya et Aztèque.

Cette division correspond à des "phénomènes" certes climatiques, mais surtout à des étapes de rituels magico-religieux permettant de situer une naissance à un moment exploitable selon les connaissances des astrologues-devins.

La période mensuelle marque ainsi le destin d'un être d'une manière indélébile ; ce qui n'exclut pas quelques "tricheries" permettant d'échapper à une destinée par trop défavorable (ainsi la date de naissance d'un enfant né un six - nombre néfaste - était pieusement reculée de quelques jours afin que la naissance soit par ce stratagème sous d'heureux présages, grâce à un nombre sept par exemple).

Il faut admettre, et cela est valable pour tous les systèmes divinatoires, que le découpage des calendriers solaires, sacrés et vénusiens, en "tranches" de jours toutes différentes - 360 + 5 jours creux pour le premier, 260 jours pour le second et 584 jours pour le troisième - ne plaide pas en faveur d'une exactitude astrologique. Ces découpes irrégulières entre elles expliquant paradoxalement des mouvements planétaires, dont le soleil et la lune, parfaitement réguliers.

Il est donc peu véridique de vouloir fixer définitivement des statuts en temps et en heure qui gèleraient les intuitions et les innovations astrologiques. L'avenir appartient à ce qui n'est pas achevé et il y a un certain art astrologique à ajouter de l'imaginable à ce qui existe afin d'approcher de nouvelles -ou d'anciennes ou oubliées -possibilités de compréhension des de-venir et à-venir de l'homme.

3.

LES SIGNES
DE L'ASTROLOGIE AZTEQUE

L'horoscope aztèque tient compte
- *du jour de la naissance*
- *du mois de la naissance*

Ces deux dates sont donc inséparables, et il est insuffisant de dire "Je suis du signe du Crocodile". Il convient en effet de préciser : "Crocodile du mois de l'eau", ou "des aliments" ou "du feu", selon la période mensuelle à l'intérieur de laquelle se trouve votre jour de naissance.

Ce mois de 20 jours selon l'astrologie Aztèque, joue le rôle d'ascendant, et c'est pourquoi un crocodile pur n'existe pas et qu'il convient de l'accompagner de son mois-ascendant. Il en va d'ailleurs de même pour l'astrologie traditionnelle, puisqu'un signe "pur" du lion, du taureau ou du poisson se doit d'être assorti de son ascendant.

Dans l'astrologie Aztèque, le jour de naissance est défini par la position du soleil, et le mois de naissance détermine la présence de la lune. Le couple symbolique soleil-lune est ainsi réuni.

Pour calculer votre signe

A chaque jour de l'année correspond un signe. Le calendrier ci-après vous permettra donc de trouver facilement votre signe.

Quant à votre mois-ascendant, vous le trouverez immédiatement après le calendrier (cf. page 24).

CROCODILE

MAISON

SERPENT

CHEVREUIL

LAPIN

CHIEN

SINGE

ROSEAU

JAGUAR

AIGLE

SILEX

FLEUR

A chaque jour, son signe

JANVIER		FEVRIER		MARS	
Né le...	Vous êtes...	Né le...	Vous êtes...	Né le...	Vous êtes...
1er	Singe	1er	Chevreuil	1er	Serpent
2	Silex	2	Crocodile	2	Chevreuil
3	Chien	3	Maison	3	Jaguar
4	Crocodile	4	Fleur	4	Roseau
5	Maison	5	Serpent	5	Lapin
6	Fleur	6	Chevreuil	6	Aigle
7	Serpent	7	Jaguar	7	Singe
8	Chevreuil	8	Roseau	8	Silex
9	Jaguar	9	Lapin	9	Chien
10	Roseau	10	Aigle	10	Crocodile
11	Lapin	11	Singe	11	Maison
12	Aigle	12	Silex	12	Fleur
13	Singe	13	Chien	13	Serpent
14	Silex	14	Crocodile	14	Chevreuil
15	Chien	15	Maison	15	Jaguar
16	Crocodile	16	Fleur	16	Roseau
17	Maison	17	Serpent	17	Lapin
18	Fleur	18	Chevreuil	18	Aigle
19	Serpent	19	Jaguar	19	Singe
20	Chevreuil	20	Roseau	20	Silex
21	Jaguar	21	Lapin	21	Chien
22	Roseau	22	Aigle	22	Crocodile
23	Lapin	23	Singe	23	Maison
24	Aigle	24	Silex	24	Fleur
25	Singe	25	Chien	25	Serpent
26	Silex	26	Crocodile	26	Chevreuil
27	Chien	27	Maison	27	Jaguard
28	Crocodile	28	Fleur	28	Roseau
29	Maison	29	Fleur	29	Lapin
30	Fleur			30	Aigle
31	Serpent			31	Singe

A chaque jour, son signe

AVRIL		**MAI**		**JUIN**	
Né le…	Vous êtes…	Né le…	Vous êtes…	Né le…	Vous êtes…
1er	Silex	1er	Chevreuil	1er	Chien
2	Chien	2	Jaguar	2	Crocodile
3	Crocodile	3	Roseau	3	Maison
4	Maison	4	Lapin	4	Fleur
5	Fleur	5	Aigle	5	Serpent
6	Serpent	6	Singe	6	Chevreuil
7	Chevreuil	7	Silex	7	Jaguar
8	Jaguar	8	Chien	8	Roseau
9	Roseau	9	Crocodile	9	Lapin
10	Lapin	10	Maison	10	Aigle
11	Aigle	11	Fleur	11	Singe
12	Singe	12	Serpent	12	Silex
13	Silex	13	Chevreuil	13	Chien
14	Chien	14	Jaguar	14	Crocodile
15	Crocodile	15	Roseau	15	Maison
16	Maison	16	Lapin	16	Fleur
17	Fleur	17	Aigle	17	Serpent
18	Serpent	18	Singe	18	Chevreuil
19	Chevreuil	19	Silex	19	Jaguar
20	Jaguar	20	Chien	20	Roseau
21	Roseau	21	Crocodile	21	Lapin
22	Lapin	22	Maison	22	Aigle
23	Aigle	23	Fleur	23	Singe
24	Singe	24	Serpent	24	Silex
25	Silex	25	Chevreuil	25	Chien
26	Chien	26	Jaguar	26	Crocodile
27	Crocodile	27	Roseau	27	Maison
28	Maison	28	Lapin	28	Fleur
29	Fleur	29	Aigle	29	Serpent
30	Serpent	30	Singe	30	Chevreuil
		31	Silex		

A chaque jour, son signe

JUILLET		AOUT		SEPTEMBRE	
Né le...	Vous êtes...	Né le...	Vous êtes...	Né le...	Vous êtes...
1er	Jaguar	1er	Crocodile	1er	Lapin
2	Roseau	2	Maison	2	Aigle
3	Lapin	3	Fleur	3	Singe
4	Aigle	4	Serpent	4	Silex
5	Singe	5	Chevreuil	5	Chien
6	Silex	6	Jaguar	6	Crocodile
7	Chien	7	Roseau	7	Maison
8	Crocodile	8	Lapin	8	Fleur
9	Maison	9	Aigle	9	Serpent
10	Fleur	10	Singe	10	Chevreuil
11	Serpent	11	Silex	11	Jaguar
12	Chevreuil	12	Chien	12	Roseau
13	Jaguar	13	Crocodile	13	Lapin
14	Roseau	14	Maison	14	Aigle
15	Lapin	15	Fleur	15	Singe
16	Aigle	16	Serpent	16	Silex
17	Singe	17	Chevreuil	17	Chien
18	Silex	18	Jaguar	18	Crocodile
19	Chien	19	Roseau	19	Maison
20	Crocodile	20	Lapin	20	Fleur
21	Maison	21	Aigle	21	Serpent
22	Fleur	22	Singe	22	Chevreuil
23	Serpent	23	Silex	23	Jaguar
24	Chevreuil	24	Chien	24	Roseau
25	Jaguar	25	Crocodile	25	Lapin
26	Roseau	26	Maison	26	Aigle
27	Lapin	27	Fleur	27	Singe
28	Aigle	28	Serpent	28	Silex
29	Singe	29	Chevreuil	29	Chien
30	Silex	30	Jaguar	30	Crocodile
31	Chien	31	Roseau		

A chaque jour, son signe

OCTOBRE		NOVEMBRE		DECEMBRE	
Né le...	Vous êtes...	Né le...	Vous êtes...	Né le...	Vous êtes...
1er	Maison	1er	Aigle	1er	Fleur
2	Fleur	2	Singe	2	Serpent
3	Serpent	3	Silex	3	Chevreuil
4	Chevreuil	4	Chien	4	Jaguar
5	Jaguar	5	Crocodile	5	Roseau
6	Roseau	6	Maison	6	Lapin
7	Lapin	7	Fleur	7	Aigle
8	Aigle	8	Serpent	8	Singe
9	Singe	9	Chevreuil	9	Silex
10	Silex	10	Jaguar	10	Chien
11	Chien	11	Roseau	11	Crocodile
12	Crocodile	12	Lapin	12	Maison
13	Maison	13	Aigle	13	Fleur
14	Fleur	14	Singe	14	Serpent
15	Serpent	15	Silex	15	Chevreuil
16	Chevreuil	16	Chien	16	Jaguar
17	Jaguar	17	Crocodile	17	Roseau
18	Roseau	18	Maison	18	Lapin
19	Lapin	19	Fleur	19	Aigle
20	Aigle	20	Serpent	20	Singe
21	Singe	21	Chevreuil	21	Silex
22	Silex	22	Jaguar	22	Chien
23	Chien	23	Roseau	23	Crocodile
24	Crocodile	24	Lapin	24	Maison
25	Maison	25	Aigle	25	Fleur
26	Fleur	26	Singe	26	Serpent
27	Serpent	27	Silex	27	Chevreuil
28	Chevreuil	28	Chien	28	Jaguar
29	Jaguar	29	Crocodile	29	Roseau
30	Roseau	30	Maison	30	Lapin
31	Lapin			31	Aigle

A chaque signe, son ascendant

Les mois ascendants de l'horoscope Aztèque permettent d'approfondir et de nuancer le portrait général de la personnalité dans le signe. Il y a 18 mois ascendants de 20 jours répartis de la façon suivante :

Né entre : votre ascendant est le :

le 2 et le 21 février . . . . mois de l'**eau**
le 22 février et le 13 mars . . . . mois du **printemps**
le 14 mars et le 2 avril . . . . mois des **fleurs**
le 3 et le 22 avril . . . . mois des **champs**
le 23 avril et le 12 mai . . . . mois de la **sécheresse**
le 13 mai et le 1er juin . . . . mois des **aliments**
le 2 et le 21 juin . . . . mois du **sel**
le 22 juin et le 11 juillet . . . . mois du **maïs**
le 12 et le 31 juillet . . . . mois des **fêtes**
le 1er et le 20 août . . . . mois du **feu**
le 21 août et le 9 septembre . . . . mois de la **terre-mère**
le 10 et le 29 septembre. . . . . mois du **retour des dieux**
le 30 septembre et le 19 octobre . . . . . . mois de la **montagne**
le 20 octobre et le 8 novembre . . . . mois de la **chasse**
le 9 et le 28 novembre . . . . mois des **plumes**
le 29 novembre et le 18 décembre . . . . mois de la **pluie**
le 19 décembre et le 7 janvier . . . . mois des **astres**
le 8 janvier et le 1er février . . . . mois de la **croissance**

4.

LE SIGNE
DU
CHEVREUIL

Si votre jour de naissance est un :

6 février	17 août
18 février	29 août
2 mars	10 septembre
14 mars	22 septembre
26 mars	4 octobre
7 avril	16 octobre
19 avril	28 octobre
1er mai	9 novembre
13 mai	21 novembre
25 mai	3 décembre
6 juin	15 décembre
18 juin	27 décembre
30 juin	8 janvier
12 juillet	20 janvier
24 juillet	1er février
5 août	

Vous êtes CHEVREUIL

Une Mère tombée du ciel...

La première femme qui fut divinisée avait nom, chez les Aztèques, femme-serpent. Elle était la Mère des deux héros-jumeaux, les dieux du matin et du soir, qui avaient le pouvoir de tuer les monstres qui sévissaient sur la terre et de métamorphoser les ''choses caduques et imparfaites en choses nouvelles''. Elle était représentée sous la forme d'un chevreuil à deux têtes. On le disait tombé du ciel...

Autant le cerf est symbole de rapidité, de bondissement, de lumière jaillissante comme un nouveau matin, autant le chevreuil est un symbole de fécondité tranquille, de secondarité de réaction et de rumination pesante mais fertile. Il est à mi-chemin entre le ciel et la terre ; ses bois frôlant les nuages, ses sabots s'enracinant dans la boue nourricière. Le chevreuil est gourmand, possessif et charnel. Il n'a pas le doigté de la gazelle, la souplesse du cerf, la grâce du daim ; mais il n'a pas non plus la force brutale du renne. Il est plus sédentaire, plus préoccupé de ''nourritures terrestres'' que de cabrioles, de galops et de sauteries, de plaisirs paisibles et productifs que de traîner. Par contre il accepte bien volontiers de porter le soleil. Cela rehausse sa valeur symbolique, ce dont il est ravi car tout ce qui est or et argent le contente et le satisfait !

Le chevreuil tient de ses critères d'abondance et de fécondité une affectivité ''maternelle''. Il nourrit l'homme, l'allaite, l'engraisse et le gave. Il l'enveloppe d'une présence charnelle, pesante et obstinée.

La lenteur de pensée, de progression et d'action du chevreuil nuit à la rapidité de son évolution. ''Hâte-toi lentement'' semble dire le chevreuil lorsque des circonstances trop accélérées l'obligent à changer d'allure. Mais être lent n'est pas une faiblesse pour lui. Bien au contraire ! Il peut, au rythme piane-piane de sa démarche, savourer le moment qui passe : le chevreuil est un jouisseur comme le sont les êtres aux formes rondes, au corps nourri jusqu'à être pâteux.

Le chevreuil est prudent ; il mâche ses projets avant de les faire naître, il rumine ses sentiments avant de leur donner corps. Il a des silences prudents ; peut-être même est-il pudique malgré ses gourmandises !

Lorsque le chevreuil est mourant, la terre pleure. Lorsque ses yeux sont secs de larmes, le chevreuil est alors mort. C'est ainsi que le chevreuil devient le symbole de la sécheresse. Jusqu'au moment où il ressuscite dans l'imagination des poètes qui le chantent et des prêtres-astrologues qui savent interpréter ses traces, les formes de ses ramures et les échos de ses bramements mélancoliques…

La personnalité chevreuil

- Votre caractère
- Votre santé
- Votre comportement affectif
- Votre sexualité
- Vos aptitudes professionnelles
- Vous et l'argent
- Vos loisirs

Vous êtes un affectif calme, un "terrien" volontaire, un émotif raisonnable, un artiste épicurien... En une phrase, vous êtes un Chevreuil amoureux de la nature et amateur de tout ce qui peut faire frémir vos cinq sens et les autres. De plus vous êtes sentimental. Vous mettez du sentiment partout, vous en demandez et en redemandez. Cette exigence est la signature d'une nature amoureuse des choses concrètes de la vie mais aussi profondément sensible et romantique. Il vous faut des marques d'amitié et de sympathie visibles, palpables et monnayables. Les recherchant autour de vous, vous êtes naturellement sociable et adaptable aux ambiances que vous rencontrez. C'est ainsi que vous réagissez au contact des autres, épidermiquement ; cette disposition vous rend très tôt attentif aux formes, aux couleurs, aux sons, aux odeurs...
Ce ne sont pas vos fonctions imagination et intuition qui vibrent en premier mais vos fonctions sensation et sentiment. Vous aimez les caresses, les frissonnements, les corps à corps tièdes et évocateurs de volupté plus que les mots et les dialogues abstraits. Votre affectivité "à fleur de peau" n'est ni violente ni enfiévrée ; vous êtes un calme, un paisible et un médiateur. Vous prenez le temps de jouir de vos émotions, sans chercher à les épuiser vite, afin d'en cueillir de nouvelles. Pas de précipitation ni d'accélération mais de la réflexion et du lénifiant. On pourrait presque dire de la "rumination" tant vous prenez votre temps pour donner à vos impressions une secondarité lente et longue.

Cette tranquillité de comportement est d'ailleurs très appréciable car elle vous donne un extérieur reposant et sécurisant. Vous préférez des "états seconds" afin d'en connaître le meilleur, à la manière d'un artiste jouissant intensément des couleurs et des chaleurs d'un soleil qu'il absorbe de tout son être. Une paix intérieure se développe alors en vous ; vous vous en imprégnez et vous en êtes possédé avec la conscience savoureuse que vos deux petits défauts, paresse et gourmandise, sont pardonnables... Il est d'ailleurs vrai que ces tendres défauts vous permettent de goûter à la vie en épicurien amoureux de toutes les bonnes choses de l'existence.

Vos facultés aimantes sont parfois possessives. En effet, vous avez de grandes faims de tendresse et d'amour à satisfaire. Lorsqu'elles le sont, vous vous épanouissez dans des optimismes tranquilles, des générosités efficaces et des dévouements utiles. Vous remplissez alors vos devoirs d'homme ou de femme capable, responsable et raisonnable, conscient de votre saine valeur, avec un évident plaisir.

Mais il ne faut pas se méprendre sur ce premier portrait que vous donnez de vous, fait de bonhomie, de joie de vivre et de gourmandises pacifiques. En vous regardant mieux vivre et surtout en vous observant pendant vos "ruminations" silencieuses, on découvre un nouveau personnage. Soit un être sensible, affectif, vulnérable aux moindres émotions, inquiètement à l'affût de tout ce qui bouge afin de vous protéger des "coups de fusil" d'un chasseur adroit ou maladroit. C'est alors que vos certitudes et vos affirmations tremblent comme des rayons de poussière dans un sous-bois. Il est possible que ce soit la connaissance de cette inquiétude qui vous pousse à rechercher des réalités ! Car il est vrai que vous avez instinctivement besoin de "terre". Il vous faut mettre "la main à la pâte", toucher pour croire et aimer. Vous aimez avec vos doigts, vos lèvres, votre corps...

Vous vous enthousiasmez pour les choses vraies de la vie : paysage, objets formels, chair et substance... Cette disposition vous donne des aptitudes artistiques certaines et vous permet d'être ou de devenir un amant, une amante-experte-es-amour.

Votre souhait le plus cher est de pouvoir vous "fixer". Il faut comprendre ce verbe dans deux sens. D'une part, vous avez besoin de racines, soit de vous sentir les sabots solides sur une terre ferme plutôt que Chevreuil ailé tel qu'on en trouve dans les contes pour enfants... Votre bonheur réside dans le statique plus que dans le mobile ; en effet, vous êtes patient, lent à mouvoir, fécond à émouvoir, tenace pour terminer l'œuvre commencée et jamais tout-à-fait détaché de la matière que vous venez d'exploiter.

Vous aimez goûter, expérimenter, vous imprégner des idées et des sentiments des autres et vous ne le faites jamais superficiellement. Vous prenez tout votre temps - mais aussi celui des autres - pour trouver un parfait équilibre entre vos désirs et les réalités et pour faire cadrer vos besoins avec les possibilités. Vos projets mettent peut-être longtemps à mûrir mais lorsqu'ils sont construits, ils le sont à roc et à chaux. Vos volontés de solidité se retrouvent aussi bien dans votre vie affective que professionnelle ou intime. Mais être efficace, constructif et rationnel n'exclut pas votre amour pour les "formes harmonieuses". Vous êtes un artiste-réaliste, un "metteur en forme" - on dit bien metteur en scène - à l'imagination robuste, bien structurée et au savoir-faire double, car associant la technique et l'art, l'assemblage et la beauté. Mais, car il y a un mais... vous avez tendance à vous laisser porter par des penchants un peu trop "terre-à-terre". A vouloir stationner en perpétuel accord avec les réalités de l'existence - tellement sécurisantes - vous refusez de décoller vers des travaux imaginatifs ou des idéaux, qui vous tentent mais qui vous apparaissent dangereux pour votre sacro-sainte stabilité. C'est ainsi que vos discussions intérieures et vos conflits extérieurs naissent très souvent de cette opposition entre le réalisme et l'idéalisme. Vous vous en tenez de préférence aux apparences des choses et au concret des idées et des sentiments, refusant de voir et de croire le caché, l'imaginé et l'informel qui se trouvent derrière. Mais cette ambivalence ne vous empêche pas d'avoir l'âme et le doigté d'un artiste ! Votre premier art, subtil et charnel tout à la fois, étant de voir les réalités et les vérités telles qu'elles sont et de parfaitement les reproduire en sensations. Picasso a écrit : "pour faire une colombe, il faut d'abord lui tordre le cou..." Voilà votre maxime, un peu cruelle mais vraie !

A trop absorber et ruminer, vous serez pensif jusqu'à être passif. D'où des problèmes d'engorgement, d'alourdissement et à la longue, d'obésité. Vos gourmandises n'étant pas toujours raffinées, vous prendrez du poids comme d'autres prennent des rides à trop se faire de soucis. Vous enracinant, vous deviendrez avec le temps difficile à mouvoir et vous risquez des problèmes de rhumatismes, d'articulations. L'addition de votre grand appétit de vivre, de votre solide coup de fourchette et de votre préférance pour les situations "assises", vous donnera des troubles digestifs et des anomalies du système éliminatoire notamment reins et vessie. Entre la goutte, les insuffisances hépathiques, les digestions difficiles, les coliques néphrétiques... il vous faudra faire acte de volonté afin de choisir un régime ! Votre résistance physique et organique est cependant très développée et une grande capacité à vivre et à survivre vous permettra de vieillir longtemps. Ce n'est pas une coïncidence si l'animal symbolique de votre signe, le Chevreuil, est "un ruminant de la famille des cervidés". Les chevreuils perdent et renouvellent leurs bois chaque année et l'on peut dire sans trop sourire, que chez ce mammifère tout se passe "dans et sur la tête" ! Or, curieusement, quelques uns de vos points faibles sont le cou, la gorge, les cordes vocales, les vertèbres cervicales. Vous vous soignerez bien en cas de maladie ou d'accident : vous supporterez les hospitalisations et vous prendrez les médicaments que l'on vous donnera avec l'obéissance d'un enfant. Passés les malaises, vous oublierez vos bonnes résolutions de régime en tout genre pour retomber dans vos savoureuses habitudes de bonne chère...

Votre comportement affectif

Plutôt que de parler d'affection, d'inclination ou de sympathie, il convient d'être plus précis et de parler d'amour. Vous êtes en effet un amoureux inconditionnel. Amoureux de vous, des autres, de la vie, de vos qualités et de vos faiblesses... ; amoureux de votre bien-être, de tout ce qui est sensation et de tout ce qui est possession. Votre affectivité déborde dans tous vos comportements, dans vos façons de raisonner, d'envisager votre vie, votre futur. Etre ainsi "un affectueux à tout faire", vous rend facile à vivre et agréable à fréquenter. Vous êtes démonstratif dans vos élans affectifs et même si vous manifestez en certaines occasions de la pudeur et de la réserve, car vous en avez, vous ne pouvez cacher totalement les intérêts que vous portez à autrui. Vous n'êtes pas difficile à aimer puisque vous êtes prêt à accueillir toutes les démonstrations affectueuses que l'on peut vous témoigner. Cette avidité sentimentale peut devenir pesante pour votre entourage. En effet, vous êtes tenté de vous octroyer des "droits d'amitié ou d'amour". Vous sachant "aimable", vous n'accepterez pas que l'on puisse vous exclure de son cœur. C'est ainsi que vous ne supportez pas les revirements affectifs, les caprices, les sautes de cœur et les manques de parole aux engagements. A l'instant où des preuves d'amitié et d'amour vous sont manifestées, vous sortez de votre première réserve et de votre pudeur native ; ouvrant alors votre cœur, il vous est difficile de le refermer. Là est un danger, celui de vous trouver puissamment attaché par des liens que vous souhaitez indéracinables, mais qui ne seront peut-être que provisoires pour l'autre. En une phrase, vous aimez qu'on vous aime et vous savez aimer comme on aime l'être. Votre gourmandise affective et sensuelle est parfois en contradiction avec votre pragmatisme et votre réalisme. Vous avez certes de l'amour au bout du cœur mais vous êtes en un premier temps attentif, réfléchi et précautionneux. Avec prudence et économie vous avancez à petits pas vers qui vous aime et qui vous voudriez aimer. Et c'est en un deuxième temps, lorsqu'il vous semble que vos sentiments seront féconds, épanouis et harmonieux que vous laissez couler votre sensualité et que vous racontez vos affections. Votre affectivité est patiente, vous supportez avec calme et douceur les problèmes d'autrui et vous êtes même efficace et consciencieux pour les résoudre ; votre protectionnisme est rassurant. Mais encore une fois, il ne faudra jamais que vos amis de cœur ou d'esprit vous trompent, car vous deviendrez jaloux, soupçonneux à l'extrême, rageur de ressentiments et déchargeant votre amertume et votre rancune dans des colères pesantes.

Votre sexualité est gourmande. Vous avez tendance à user et abuser de toutes les sensations terrestres. De plus, instinctif, vous affectionnerez les plaisirs confortables, simples, sobres, même rustiques ; l'essentiel étant qu'ils soient copieux. Vous aimez l'amour comme un plat que l'on mange d'abord des yeux, que l'on déguste des doigts et des lèvres et dont on jouit de tout son corps. Le bien-manger, le bien-boire et le bien-jouir vont de pair... Vous êtes un amant ou une maîtresse possessif, passionné, avide de tendresse et de caresses à donner et à recevoir. Vous aimez l'amour pour l'amour, le plaisir pour le plaisir... Vous aimez l'intimité, les confidences, les atmosphères chaudes et feutrées où les sentiments peuvent s'exalter, s'enfièvrer et où la tendresse peut s'extérioriser dans des attouchements, des étreintes et des baisers préludes à de plus sérieux et jouissifs corps à corps. Cette soif de sensations n'est cependant pas immodérée. Tout en recherchant constamment des stimulants sensoriels et des bien-être corporels, tout en étant en quête de rassasier vos appétits physiques, vous demeurez réfléchi, réservé et même timide dans vos premières approches amoureuses. Vous savez que votre oralité peut être excessive et vous vous en méfiez. Pour être jouisseur et gourmand de tout, vous n'en serez pas pour autant impudent et "palpeur". Vous avez des élégances en amour. Vous obéissez certes à vos passions sensuelles mais vous tentez de les loger dans des formes esthétiques délicates et artistiques. Vous n'avez pas et n'aurez pas ce que l'on appelle des problèmes sexuels ; en effet, vous associez avec bon sens vos désirs et vos moralités, vos stimulations et vos refoulements. Vous savez exploiter sans les dissimuler et sans exhibitionnisme, vos désirs amoureux. C'est pourquoi il est merveilleux d'être aimé de vous car vous osez toute complication, contrainte, duplicité et indécence aux gestes d'amour. L'amour physique est donc la clé de votre vie. Certains trouveront que vous êtes surabondant et que vous frisez même l'obsession… Répondez-leur qu'il n'y a jamais d'excès en amour sauf dans la médiocrité et la banalité. Comme vous n'êtes ni l'un ni l'autre, vous continuerez de vous épanouir de tout votre être, dans les sensations et après les sensations !

Vos aptitudes professionnelles

Vous aimez les professions où l'utile se joint au beau. Vous avez des doigts en or pour façonner, sculpter, broder, ajuster... Toutes les professions qui demandent de mettre la main à la pâte vous conviennent. Il s'agit de ces activités "de toucher" où le travail des matières remplit les doigts. Il peut s'agir du travail du fer comme de la pâte, du bois comme du cuir, du plâtre comme du velours. Vous avez de plus, une patience et une persévérance utiles pour répéter mille et une fois les mêmes gestes afin de peaufiner le travail entrepris. Les professions manuelles vous conviennent à l'instant où les matériaux sont doux, tendres, malléables, ajustables et charnels. Vous êtes attiré par les professions constructives qui demandent de la technique, de l'expérience et du toucher. Les métiers manuels acquièrent à votre contact de la noblesse : maçons, entrepreneurs, peintres, plâtriers... Votre sens du concret, vos besoins de possession - qui vous rassurent pour d'éventuels matins qui ne chanteront pas - votre tendresse pour tout ce qui est matières naturelles et nobles dont la terre, vous font préférer les travaux des champs à ceux des villes. C'est ainsi que vous êtes attiré par les professions d'agriculteur, de jardinier, de maraîcher... Tout Chevreuil rêve d'un petit jardin où poussent des salades côtoyant des massifs de fleurs qu'il peut arroser, bêcher, nourrir, greffer, cueillir à pleines brouettes... Les professions d'argent vous vont comme un gant. Votre esprit pratique, concret, votre bon sens parfois un peu trop terre-à-terre, votre secondarité de raisonnement, et enfin votre aptitude à trouver le bon grain en éliminant l'ivraie, font de vous un boursier, financier, agent de change... sachant acheter à moindre prix, revendre au plus haut, bref sachant faire travailler l'argent. Les cours de la Bourse n'auront pas de secrets pour vous. Avec le temps de votre enrichissement, vous deviendrez un philosophe faisant travailler les autres ou faisant travailler l'argent plutôt que de travailler pour lui. Vous vous transformerez alors en un rentier satisfait de l'être, cultivant comme Candide son jardin.

Attention cependant aux pièges de l'argent vite gagné, à l'occasion d'activités usuraires et de profit d'arrière-boutique pas toujours tout à fait justes ! Le sens de l'argent et des richesses va de pair avec celui du pouvoir ; vos gains deviendront vite des moyens de vous affirmer et d'agir sur les moins bien nantis. D'où, avec le temps de vos réussites, des choix d'activités plus ambitieuses. Vous serez ainsi attiré par des carrières politiques ; vous vous sentirez en droit d'imposer vos idéologies, vos techniques et votre puissance. Vous pourrez être un homme ou une femme ''d'importance'', sachant administrer, gérer avec compétence et efficacité les économies d'un parti, d'une région et pourquoi pas d'un pays.

Vous et l'argent

L'argent est pour vous un produit qui se gagne, se consomme, dont on jouit et profite ; une sorte de semence qui donne des fruits et des moissons que l'on engrange et que l'on thésaurise jusqu'à la saison prochaine. La matière de l'argent est très importante pour vous. L'idée de gagner de l'argent est certes très sérieuse et estimable puisqu'elle entre dans quelques-unes de vos préoccupations existentielles qui sont la sécurité, la garantie du lendemain, la satisfaction de votre penchant pour la propriété. Mais il semble bien cependant que vous donniez une préférence au toucher et au doigté de l'argent. Votre sensualité naturelle en est la cause. Vous avez l'âme et le cœur d'un banquier qui sait avec opportunité faire des profits avec l'argent des autres et qui, non content d'être un moissonneur, est également un contemplateur de ses lingots qui s'entassent et de ses comptes-épargnes qui s'accumulent. Vous êtes donc homme ou femme d'argent, ayant le sens des affaires jusqu'à devenir affairiste, sachant être patient et persévérant quand il s'agit d'attendre des résultats à longs termes. Gagner de l'argent vous procure des jouissances multiples. Il y a d'abord le sentiment que vous ne dépensez pas votre énergie dans de vains travaux et que vos usures physiques, vos heures de travail et vos nuits de labeurs sont autant de traites sur l'avenir. Il y a ensuite le plaisir de palper vos gains ; cette exigence sensorielle vous amenant à investir davantage dans des terres, des murs et des objets ayant forme et chair que dans des abstractions et des résultats informels. D'où vos investissements dans des œuvres d'art, des propriétés, des meubles et immeubles dont vous faites le tour avec la satisfaction d'un Crésus contemplant ses trésors. Les dépenses que vous vous autoriserez avec plaisir et même volupté seront celles que vous ferez par amour et pour l'amour. Un tantinet avare lors de vos heures de travail vous deviendrez prodigue au sortir de vos étreintes amoureuses. L'être aimé par vous sera comblé d'attentions coûteuses, de cadeaux somptueux. Vos amours seront dorés sur tranche et les seules banqueroutes que vous risquez ne seront pas frauduleuses mais amoureuses. Vous êtes donc voué à la plus belle des richesses : celle du cœur !

Vos loisirs

Vous aimez les loisirs "de société". N'étant pas un solitaire, souhaitant des relations chaleureuses et des contacts affectueux dans des ambiances intimes, vous appréciez les divertissements de salon et les jeux à plusieurs partenaires. Artiste, vos loisirs iront à des visites de musées, à des travaux d'art, notamment peinture, sculpture, dessin. Vous aimez les dialogues au coin du feu, les flirts et les badinages, les jeux de l'amour et les jeux de mains. Les sports violents ou agressifs ne vous conviennent pas. Vous n'aimez pas vous battre et vous n'appréciez pas les chocs qui blessent et laissent des vainqueurs et des vaincus pantelants sur le carreau. Tendre de cœur, vous l'êtes également de corps et vous préférez le maniement des pinceaux à celui des fleurets ! Les sports en chambre vous plaisent infiniment dans la mesure où vous y trouvez ce bien-être de cœur et de corps qui vous est cher, ces ambiances passives à force de langueurs et toutes ces sortes de jouissances que votre morale ne réprouve pas. Vos loisirs vont également à la lecture, à la poésie, à la méditation, aux flâneries dans les sous-bois, à la contemplation de la nature et aux rêveries d'un promeneur qui ne sera pas toujours solitaire. Vous êtes un partenaire de jeux agréable, plein d'humour, peu tricheur, peu hâbleur, sachant perdre plaisamment sauf s'il s'agit de jeux d'argent. Votre côté banquier reprendra alors le dessus et malheur à qui aura triché. Vous aimez les jeux de bourse, les spéculations financières, les placements... qui sont pour vous des divertissements plus que des travaux.

5.

LE CHEVREUIL
ET LES
MOIS ASCENDANTS

Ainsi que nous l'avons déjà indiqué, la connaissance de soi qu'apporte la description du signe est incomplète sans l'apport du mois ascendant. Voici donc, mois astrologique par mois astrologique, les caractéristiques qui viennent affirmer ou moduler, les qualités du signe.

Pour préciser davantage les apports spécifiques de chaque mois ascendant, et pour permettre au lecteur de découvrir les étonnantes pratiques de la civilisation Aztèque, nous lui livrons également la symbolique propre de chaque mois ascendant. Cette symbolique introduira donc chacun de ses mois ascendants.

Le chevreuil du mois de l'eau
(du 2 février au 21 février)

Ce premier mois du calendrier solaire porte le nom de Atlca-hualco et ses 20 jours sont consacrés au dieu Tlaloc et aux divinités des eaux et de la pluie. Les Aztèques appelaient plus précisément cette première période le mois ''de l'arrêt de l'eau'' et il était recommandé, afin d'obtenir des eaux bienfaisantes en quantité et en qualité et non de la grêle et de la foudre de la part des dieux et des déesses, de sacrifier quelques victimes par noyade. Les pleurs d'enfants étaient notamment très recherchés. Certains parents n'hésitaient pas à offrir aux terribles divinités leurs fille et garçon en les noyant dans les lacs environnants. Ceux-ci ne pouvaient alors qu'être satisfaits et reconnaissants des témoignages de douleur et de souffrance que sont des larmes d'enfants, ''gouttes d'yeux mou-rant en s'évaporant'' selon un poème maya.

Tlaloc, le plus ancien dieu de l'eau et de la pluie, et sa compagne déesse des cours d'eau Chalchiuhtlicue, ''celle qui porte une jupe de jade'', résidaient ''sur les montagnes'', là où se forment les nua-ges. C'est ainsi qu'une association sacrée liait ces deux divinités de la pluie et des montagnes. Celles-ci ayant une progéniture, les subs-tituant à l'occasion, petits dieux du nom de Tlaloques.

Si vous êtes chevreuil du mois de l'eau :

Caractère très ambigu. Personnalité à la fois affirmative, constructive et exigeante dans ses besoins de réalités, ses désirs de confort et de sensations tangibles. Mais en même temps, personnalité nageant dans l'irréel, aussi peu matéria-liste et positive qu'il est possible... Très belle intelligence à la fois pratique, aimant le concret et la technique mais douée également pour se fabriquer des idéaux et poursuivre des chimères. Personnalité généreuse, tolérante, agréable à vivre, apparemment forte et solide mais peut sur un simple mot, un simple geste un peu trop affectif, se laisser glisser dans un univers de subjectivité et d'invraisemblance. Un déséquilibre intérieur peut naître du sentiment confus d'être habité par des forces opposées. Cherche des points de stabilité, des vérités et des harmonies, mais en même temps peut se laisser endormir par de merveilleux songes creux ! Personnage se sentant différent des autres. Sait être original, curieux à regarder vivre, se singularisant par des comportements et manières de voir différemment "les choses de la vie". Est inventif et créatif, mais fait en sorte de profiter de ses innovations en résultats sonnants et trébuchants. Volontaire dans ses projets, a besoin de faire le point afin de ne pas se laisser entraîner trop loin dans des inventions chimériques. Se veut authentique, aussi bien dans ses sentiments que dans son style de vie propre. Essaie perpétuellement de se dépasser mais en ne perdant cependant pas des hauteurs possibles...

Le chevreuil du mois du printemps
(du 22 février au 13 mars)

Ce mois porte le nom de Tlacaxipehualiztli, dont la traduction à faire frémir est "l'écorchement des hommes". Or, ce premier mois du printemps était consacré à Xipe-Totec, dieu de la végétation et protecteur des moissons. Afin de s'assurer les bonnes grâces de ce dieu - qui était également le dieu des orfèvres - des victimes étaient sacrifiées par écorchement et la peau des suppliciés servait de manteau aux prêtres officiant. Il était demandé à Xipe d'aider la végétation dans son développement. Et les prières étaient : "que la graine semée s'actualise en moisson, que le germe indifférencié à la terre réceptrice s'épanouisse en arbre, fleur et fruit..."

Il était aussi demandé à Xipe de faire mûrir les moissons. Et les prières étaient : "que ce qui a été semé puisse être moissonné afin que la famine ne s'installe pas et que les appétits charnels puissent être satisfaits...'' Et Xipe, en remerciement des sacrifices et des prières, permettait aux racines souterraines de se développer en rameaux - symbole de verte résurrection - et enfin, en fruit, symbole de gratifications divines et solaires.

Si vous êtes chevreuil du mois du printemps :

D'une sensibilité exceptionnelle, ressent tout et vibre à toutes les sensations, les émotions, les humeurs et les sentiments. Se sait vulnérable mais réussit à coups de volonté et de maîtrise de soi, à se stabiliser. Très imaginatif et doué d'une intuition frisant la clairvoyance, possède des aptitudes pour toutes les professions psy... Apprécie cependant les réalités de la vie ; a besoin de sensations et de résultats charnels et concrets. Excellente combinaison pour comprendre les problèmes humains et trouver des solutions aux souffrances d'autrui.

Oscille parfois entre le concret visible et l'irréel invisible, ce qui donne des enthousiasmes pour des projets impossibles et en un deuxième temps des réflexions et des analyses capables de les réaliser. Personnalité fascinante, très sympathique dans le sens de "sachant créer des liens". Sait être concret car doué d'un sens pratique et d'un savoir-faire non dédaignables. Possède des aptitudes curieuses permettant de soigner, guérir, faire du bien tant par les mots que par les mains. Un côté plus qu'humain avec des aptitudes pour être missionnaire, médecin de l'impossible. Evitera cependant de tomber au champ d'honneur comme martyr car aime trop la vie pour cela ! A des énergies ensommeillées, en instance d'un déclic sentimental pour se mobiliser. Aime, jusqu'à un certain point, se laisser entraîner par des états d'âme nostalgiques à l'image de quelque mal de siècle. Mais saura, en dernier lieu, ne pas tomber dans le piège du "suicide romantique".

Le chevreuil du mois des fleurs
(du 14 mars au 2 avril)

Ce joli moi des fleurs du nom de Tozoztontli appelé aussi "petite veille" était consacré à la déesse Coatlicue, "celle qui porte une jupe de serpents". Les fleurs, pour les Mayas et les Aztèques, font partie de leur langage quotidien. Elles créent un paradis terrestre, lui-même jardin-témoin d'une terre céleste idéalement tropicale et verdoyante, arrosée de pluies douces, décorée de fleurs et riche de fruits, un jardin merveilleux du nom de Tlalocan. Offrir des fleurs à la déesse des fleurs n'est pas un pléonasme symbolique mais un plaisir d'auto-satisfaction, en plus de l'offrande-prière. Lorsque l'on sait que les demeures Mayas et Aztèques, les plus modestes comme les plus princières, regorgeaient de fleurs, que les murs, les tables, les vêtements, les cheveux étaient fleuris avec un raffinement exemplaire de couleur et de volume, on comprend l'importance de cette déesse-fleur Coatlicue. Manquer de fleurs revenait à être privé de soleil, de lune, de parfums, de boissons… Et les incantations et offrandes n'avaient qu'une espérance : qu'une pluie de fleurs vienne illuminer et colorer l'instant quotidien.

Si vous êtes chevreuil du mois des fleurs :

Personnalité pratiquement impossible à comprendre car en possession de qualités et de faiblesses se contrariant, se diluant entre elles, mais pouvant aussi s'harmoniser pour donner des aptitudes exceptionnelles. Doit satisfaire avec un maximum d'intensité un tempérament chaud, ardent, à haute teneur de sexualité. A besoin de liaisons amoureuses pouvant devenir dangereuses par excès de flammes. Vit des humeurs ambiguës et compliquées en mélangeant des sentiments humains et concrets, chimériques et illusoires. A besoin du contact permanent avec les autres, de rechercher des affinités et de poursuivre des dialogues qui parlent de réalité mais aussi d'enthousiasme et de rêve. Ces trois points étant les pivots de la personnalité. Il est certain que des contradictions naîtront de la coexistence pas toujours pacifique de ces trois dispositions. Apparaîtra comme une nature chaleureuse et généreuse ayant un charisme ensoleillé. Impatient tant dans ses relations professionnelles et actives que dans sa vie privée et familiale. Des attractions amoureuses subites et intenses peuvent parfois déséquilibrer l'harmonie et la stabilité. En cas de compétitions, très belles chances de résultats car ne renonce jamais devant l'effort. Satisfait de son savoir-faire et de ses compétences réelles.

Le chevreuil du mois des champs
(du 3 avril au 22 avril)

Ce quatrième mois, Uey Tozoztli, "grande veille", est consacré au dieu des champs et de l'agriculture, Chicomecoatl. C'est un mois de danses, de banquets et de réjouissances. Les jeunes filles portant chacune sept épis de maïs, avancent en procession, chantent et offrent des fleurs au dieu protecteur des champs. Et celui-ci est prié de les rendre riches de fruits et de moisson.

Il faut savoir que l'âge d'or des Mayas coïncide avec le défrichement de l'océan végétal qu'est la forêt tropicale et avec des travaux de terrassement nécessaires pour retenir des terres facilement érodées.

Vers les derniers jours du mois des champs - du 9 au 22 avril - la saison sèche est presque terminée et la terre est brûlée afin de la débarrasser des mauvaises herbes. C'est alors qu'avec un bâton à la pointe durcie un trou est fait dans la terre et qu'une graine y est déposée. Et pour que vive la graine, Chicomecoatl se doit d'être honoré !

Si vous êtes chevreuil du mois des champs :

Personnalité sachant parfaitement harmoniser ses dualités. Quelques contradictions qui ne déséquilibreront pas la progression et l'épanouissement. Une mentalité à la Talleyrand, "une main de fer dans un gant de velours". Du dynamisme et de l'enthousiasme, parfois même de l'agressivité, prêt à toute aventure et à tout "dégoupillage" d'énergie. Mais toutes ces ébauches de force vive seront maîtrisées par un doigté tout en douceur. Courageux, aime le sérieux et le réfléchi, est capable de longues patiences et de tolérance. Arrive à force de ténacité à faire aboutir ses projets. Se croit capable de réaliser tous ses rêves de création. Et ne se trompe pas ! Sait construire solidement et patiemment ses objectifs et les suivre avec ténacité jusqu'à leur conclusion. Quelques contradictions intérieures entre être spontané, expressif, expansif et au contraire rester économe, prudent dans ses élans de cœur. Et pour cause ! Se sait une tendance à un "cœur d'artichaut"... Quelquefois difficile à supporter car mélange des humeurs pesantes, possessives, réalistes à l'extrême et des attitudes légères, impatientes, prêtes à s'enthousiasmer à tout propos et pour tout sentiment. Ces hauts et bas dans les humeurs seront parfois sources d'inquiétudes. Insatiable de résultats, de produits finis, de moissons. Susceptible, n'aime pas que l'on touche à ses amours ou à ses finances. Une dualité entre se fixer dans des situations stables sécurisantes et définitives et être indépendant ou plutôt libre de se risquer dans toutes aventures. Croque la vie à pleine dents...

Le chevreuil du mois de la sécheresse
(du 23 avril au 12 mai)

Pendant ce mois de la sécheresse appelé Toxcatl, deux dieux sont à l'honneur : Tezcatlipoca "celui qui voit tout" mais demeure invisible, symbole de la grande-ourse, du ciel et du vent de la nuit, et Uitzilipochtli, dieu-guide des tribus, incarnant le soleil de midi. Les traditions racontent qu'il avait été homme magicien et chef de clan après être né miraculeusement de la déesse Coatlicue "celle qui porte une jupe de serpents". On dit qu'il avait exterminé avec son arme préférée le "serpent de turquoise" les quatres étoiles du sud et sa sœur, la déesse des ténèbres du nom de Coyolxauhqui.

Il ne s'agit pas d'un mois symbole de calamité et de famine mais celui d'un dessèchement voulu par une sorte d'épreuve du feu et du sec afin que la terre renaisse, dépouillée de ses herbes mauvaises et folles, de ses chiendents et autres ivraies. Ce mois brûlé annonce une libération de la nature et l'arrivée des prodiges de la création. Il prévoit une élévation vers des zones de lumière et de chaleur. Après l'épreuve des "brûlis" qui, si elle se prolonge, ne peut qu'entraîner de la stérilité, des disettes et la mort, vient le temps de l'opulence et des abondances. Et pour que ce temps ne tarde pas davantage, les dieux demandent des offrandes, des prières et quelques sacrifices...

Notamment, était sacrifié le plus beau jeune homme de la ville, celui-là même qui avait été traité comme un prince pendant toute l'année et qui avait vécu entouré de belles jeunes filles, amantes expertes, et de domestiques, habiles cuisiniers. Mais la mort pour cet homme-roi et bientôt dieu, n'était pas redoutée, au contraire.

Si vous êtes chevreuil du mois de la sécheresse :

Combinaison basée sur l'affectif. Généreux et homme ou femme de cœur, recherche en toute circonstance conciliation, tolérance et pacification. Le cœur sur la main et la main caressante... Trop romantique, risque de se laisser entraîner dans des aventures où le cœur aura des raisons parfois déraisonnables. Egoïste, égocentrique, s'aimera en premier et ensuite les autres ! Gourmet et gourmand de toutes les bonnes choses de la vie. Un esprit critique remarquable et un savoir-faire qui permettent d'arrondir tous les angles aigus ou obtus et de faire des amis de ses ennemis. Un sens de l'argent prononcé, une obstination ''bétonnée''. A le sens inné de tout ce qui est opportunité ; une ténacité exemplaire propice à la réalisation de toutes les espérances. Ne laisse jamais passer l'occasion d'une sensation, d'un plaisir terrestre, d'une affection à consommer sur le champ. Un côté ''cabochard''. Réussira dans toutes les entreprises qui demandent de la collaboration, de la complicité et de l'entente mutuelle. Une tendance à être trop terre-à-terre, possessif et ''ruminant''. Beaucoup de charme, donne des envies de corps à corps par sa séduction ''comestible''. Vitalité puissante ; attachant par sa force calme, son sens des réalités et sa sensorialité. Des dons artistiques certains : peinture, écriture, sculpture... Sait joindre le beau et l'utile. Une puissance créatrice développée. Aptitudes pour les professions manuelles dans lesquelles le toucher se fait avec des matériaux doux et ''vénusiens''. Précautionneux, volontaire et courageux, se rendra indispensable au sein d'une entreprise, au sein de son foyer. Peut devenir pesant à vivre car trop possessif. Affectionne les plaisirs simples et confortables, le bien-vivre, le bien-boire et le bien-manger et surtout le bien-aimer et le bien-jouir. Son rêve : vivre dans quelque abbaye de Thélème !

Le chevreuil du mois des aliments
(du 13 mai au 1ᵉʳ juin)

Tlaloc, dieu-ogre, insatiable de sacrifices où la chair humaine domine, se contente, ce mois particulier des aliments - Etzalqualiztli - de plats plus modestes : lui sont donc préparés et offerts des repas de haricots et de maïs bouillis - Etzalli -. Lors des offrandes, les prêtres-astrologues se baignent dans les eaux des lagunes et imitent les oiseaux aquatiques avec force mouvements de bras emplumés et de gazouillis, à la gloire de Tlaloc.

De somptueux banquets sont préparés où le service et les mets sont plus que raffinés. Des plats, tenus au chaud sur des petits réchauds, ont été mijotés par des cuisiniers et des boissons sont servies dans des vases d'or et d'argent. Des herbes sont fumées dans des pipes en écaille, en or et en argent, en céramique décorée et l'on boit le jus énivrant du maguay à la gloire des dieux de l'ivresse "Les quatre cent lapins". Des histoires écrites par des poètes sont chantées et les rythmes des tambours à languette - le teponazlo -, des sifflets en céramique, des flageolets et des flûtes envoûtent doucement les esprits.

Et si Tlaloc est satisfait de ces débauches de consommation d'Etzalli, il fera en sorte que les moissons soient belles.

Si vous êtes chevreuil du mois des aliments :

Très belle combinaison qui donne un tempérament courtois, affable, prêt à toutes les générosités, à comprendre et à vivre l'humain. Cherche en toutes circonstances à faire des concessions, à trouver des solutions diplomatiques et à créer des harmonies durables. Une subtile association de qualités concrètes, réalistes, de saine logique et de bons raisonnements avec de l'humour, de l'à-propos, de l'éloquence, du savoir-dire et du savoir-séduire. Aptitudes pour être diplomate mais aussi avocat, orateur, comédien, artiste. Sait exprimer ses idées avec aisance, leur donner forme et volume. Dons pour la poésie, la littérature. Caractère paisible, pacifique même, refusant tout ce qui peut être agressif et belliqueux. N'est pas cependant sans faire montre d'ironie et de quelque acidité en cas de conflit mais s'excusera l'instant d'après… Tempérament raffiné, recherchant des sensations plus délicates et peaufinées que sexuelles. A l'art de convaincre qui il veut séduire. Sait exploiter avec talent toutes ses dispositions afin d'en tirer de substantifiques produits. Sait rentabiliser par du bon sens, de l'esprit pratique et de l'obstination, ses idées et ses sentiments.

Le chevreuil du mois du sel
(du 2 juin au 21 juin)

Ce septième mois du nom de Tecuilhuirontli, est consacré à Uixtociuatl déesse de l'eau salée, des sauniers et du sel et il est égayé par la "petite fête des dignitaires".

Le sel indispensable à l'homme est défini par les symbolistes comme un "feu délivré des eaux". Il est à la fois quintessence et opposition puisqu'il sert à la conservation des aliments mais en même temps corrode ce qu'il touche trop longtemps. Il symbolise la transformation de la matière en substance plus élaborée voire spirituelle. Uixtociuatl demande pendant tout ce mois qui lui est dédié, que des cadeaux soient faits au peuple et que des danses soient organisées.

Des jeunes filles aux cheveux teints d'un beau noir, maquillées légèrement d'une poudre de terre jaune, les dents peintes en rouge foncé ou en noir au moyen de touches de cochenille, attendent d'être invitées par des guerriers. Mais la déesse demande plus encore. Pour que les récoltes de sel soient plus abondantes, il convient d'offrir à Uixtociuatl une jeune femme. Et dans une parodie de sacrifice - qui ne l'est pas toujours - sera sacrifiée la plus douée des danseuses. Mais elle ne craint pas la mort, elle l'espère même avec un fatalisme optimiste. Ne va-t-elle pas retrouver la déesse dans le séjour des dieux !

Si vous êtes chevreuil du mois du sel :

Intelligence concrète, souple, très rapide, raisonnant juste et ayant une bonne logique. Curiosité intellectuelle axée vers la technique, le pratique, les sensations. Dons pour les beaux-arts, la peinture, la sculpture, le dessin, la danse, la musique. Personnalité pleine de finesse, d'élégance et de distinction mais ne refusant pas pour autant les bonnes choses bien palpables de la vie. Aime les spectacles, l'humour, les jeux de l'esprit. Quelques risques d'indécision et d'instabilité car trop mobile et trop vibrant aux humeurs qui passent. Dons certains pour les métiers d'éloquence : politique, écrivain, polémiste, avocat. Sera à la fois convaincant et brillant, persuasif et charmeur. Grande puissance de travail, industrieux et adroit, expert, virtuose dans sa spécialité. Quelques difficultés pour choisir entre ses imaginations et ses réalités. Se veut effectif, véritable mais se laissera parfois emporter par des chimères. Opportuniste, sait tirer parti des moindres circonstances de l'existence et les utiliser au mieux, éventuellement en transigeant et en jouant la carte cœur. Aime les discussions, les à-propos, les dialogues pleins d'humour. Une tendance malheureuse à se montrer jaloux et possessif. Se montre très attaché à ses biens, à ce qui lui tient à cœur - ce qui semble normal - mais le fait avec une exagération parfois ombrageuse. Peu souffrir d'un sentiment douloureux d'être mal compris, mal aimé. Doit apprendre à se guérir de ses désirs de possession exclusive. Caractère cependant enthousiaste, optimiste, et naturellement gai. Facile à vivre et agréable à fréquenter, n'en reste pas moins prudent dans ses communications et attentif à ne se lier d'amitié qu'avec quelques privilégiés. Diplomate, fin politique, peut être également intrigant, rusé et exceller à s'introduire là où ses ambitions le poussent.

Le chevreuil du mois du maïs
(du 22 juin au 11 juillet)

Xilonen, déesse protectrice du nouveau maïs, est honorée tout le long de ce mois - Uey Tecuilhuitl - appelé aussi "mois de la grande fête des dignitaires". Ce moment est important pour l'économie et l'épargne, aussi le blé indien - le maïs - qui est la grande ressource alimentaire, fait l'objet de soins religieux pendant ce huitième mois.

Après avoir été engrangé vers le mois d'octobre-novembre dans des bâtisses qui ressemblent davantage à des palais qu'à des granges, le maïs est adoré par déesse interposée. Des distributions d'aliments sont faites et des danses et des chants glorifient le dieu du maïs "né dans le paradis où poussent des fleurs, lui qui est fleur...". Et le maïs devient frère du soleil de l'homme et de l'univers ; en conséquence de cet anoblissement, il a droit à des sacrifices et des prières afin que l'année suivante, il veuille bien de nouveau venir s'amonceler dans les granges-palais construites pour lui.

Si vous êtes chevreuil du mois du maïs :

Beaucoup de sensibilité et d'émotivité. Réagit vite et parfois avec souffrance aux impacts de la vie extérieure. Sensibilité romantique, propre aux artistes et aux êtres ayant une affectivité vulnérable. Donne beaucoup d'importance à l'idée de famille et de foyer. Respectueux des obligations familiales et des traditions. Eprouve trop facilement de la compassion et de la sympathie, d'où une humanité disponible, de la pitié même et beaucoup de tendresse. Aime le matériel, le palpable, le tangible. Sensualité puissante et généreuse. Ressent parfois des états affectifs complexes, partagé entre l'amour des autres et l'amour de soi-même... Se protège alors dans une vie intérieure intense et fait montre d'égoïsme et d'égocentrisme. Se laisse parfois emporter par une sensibilité un peu mièvre, par de beaux sentiments plus que par des pensées solides. Conservateur, persévérant, peu amateur de nouveautés. Dons pour tous les arts qui parlent aux yeux, aux sens et au cœur. Aimera être un pater ou mater familias vénéré. Sait protéger ses intérêts et fait en sorte de s'installer dans un paradis terrestre conforme à ses espérances de confort. Il n'y admet que quelques privilégiés, ceux qu'il aime bien... Sait mettre les autres en confiance, les rassurer, les écouter et les conseiller. Un petit côté confident, sachant recevoir les plus secrètes pensées. Une mentalité de confesseur ! Raisonnable, toujours chaleureux. Est aimé, apprécié et conservé comme ami très cher. Des ambitions lentes à formuler et à se réaliser. Mais la volonté et la ténacité étant sans failles, les projets seront avec le temps menés à bonnes fins.

Le chevreuil du mois des fêtes
(du 12 juillet au 31 juillet)

Les fêtes en l'honneur de Uitzilopochtli, le dieu-guide de la cité, incarnant également le soleil de midi, étaient grandioses, lors de ce neuvième mois du nom de Tlaxochymaco - offrande de fleurs -.

Les hommes, vêtus d'un pagne coloré et brodé aux extrémités tombant jusqu'aux genoux, les épaules recouvertes d'un lourd manteau rectangulaire décoré de formes géométriques, avancent vers le temple. Les femmes habillées d'un corsage et d'une jupe en fil de coton et d'agave aux couleurs polychromes, s'apprêtent à danser. Les bijoux d'oreilles, de cou, de bras et de chevilles tintent.

Mais surtout pour la circonstance exceptionnelle, les hommes ayant un haut rang dans la hiérarchie ont sorti leur coiffure, leur panache, leur emblème. Les plus grands des guerriers, ceux ayant été remarqués sur les champs de bataille pour avoir capturé ou tué au moins quatre ennemis, portent noblement leur bouclier d'appa-

rat en plumes sur lequel figurent les deux emblêmes les plus presti-
gieux ''le papillon-oiseau'' aux plumes jaunes et les ''cinq
bannières-ornement'' en plumes de quetzal.

Et toute la cité regorge de fleurs. De la modeste hutte en torchis
couverte de branches et d'herbes, à la maison bourgeoise en bri-
ques jaunes, en passant par le palais luxueux, les fleurs sont par-
tout : accrochées sur les murs, en bouquets, déposées sur les mal-
les, les coffres et les tables, accrochées aux vêtements...

Si vous êtes chevreuil du mois des fêtes :

Caractère tranquille, pacifique, sachant calibrer et raisonner ses pulsions et ses émotions. Equilibre et harmonie des
différentes tendances. Cherche à modérer et à stabiliser ses
souhaits, ses ambitions et ses problèmes, non pas en les
minimisant et en les méprisant mais en les voyant de haut.
Modère ses objectifs, ce qui ne l'empêche pas de les vouloir supérieurs en quantité et en qualité. Chaleureux avec
autrui, peut être généreux et surtout donne une apparence
sécurisante. Sens du devoir développé ; sait mettre, après
réflexion cependant, son courage et ses ardeurs au service de
plus faibles, de moins pourvus. Sait développer ses facultés
au mieux de ses intérêts et gagner la sympathie et même
l'admiration d'autrui. Oriente sa sensibilité et son affectivité vers des activités ''visibles''. Aime assez être vu comme
un maître à penser, un maître à vivre. Arrive avec beaucoup
de doigté et de subtilité à sublimer une sensibilité très vulnérable et une sentimentalité parfois débordante en qualités
altruistes. Aime offrir à autrui ses forces, ses enthousiasmes, ses ambitions, mais n'en est pas pour autant prodigue, car aime son confort, son bien-être ; commence à être
généreux d'abord avec lui-même. Ne manque jamais d'assu-
rance et de confiance en soi dans ses relations ou du moins
se montre comme tel.

Le chevreuil du mois du feu
(du 1ᵉʳ août au 20 août)

Le mois du Feu - Xocotl Uetzi - appelé aussi le mois de la "chute des fruits" - est celui de son dieu Xiuhtecuhtli. Il s'agissait de feux de joies et de jeux mais aussi de feux de mort ! En effet, ce mois invitait aux danses, aux divertissements, aux adorations mais surtout aux sacrifices. Le feu, dans sa symbolique de mort renaissance, est avant toute chose considéré comme le moteur d'une "régénération périodique". Ainsi compris et accepté, il convenait de donner au dieu du feu, afin qu'il ne s'arrête pas de brûler pour le profit et le bonheur des hommes, une énergie-humaine ; d'où l'importance essentielle des sacrifices humains.

Le dieu du feu avait plusieurs titres : "le seigneur des turquoises" notamment chez les Aztèques, le "vieux dieu" - et il était alors représenté sous la forme d'un vieillard au visage ridé - ou encore le "seigneur otonic", toujours chez les Aztèques. Chaque maison avait son "foyer" et avant chaque repas, quelques miettes de galette et gouttes de boisson "lui étaient offertes" afin de bénéficier de ses grâces.

L'angoisse existentielle compréhensible était que le soleil ne réapparaisse plus, englouti dans des cataclysmes irréversibles, des chaos éternels ou "châtré" par des "Dzules", peuple étranger et étrange venant d'ailleurs, d'Espagne par exemple ! Mais pour l'instant, les hommes grimpaient à des mâts de cocagne pour gagner des cadeaux, dansaient des parodies de joutes guerrières et entraînaient les jeunes filles dans des sarabandes...

Puis enfin, arrive le moment du sacrifice en l'honneur de Xocotl. La victime est étendue sur un autel de pierre ; des prêtres maintiennent ses quatre membres. Soudain, le sacrificateur plonge un couteau de silex dans la poitrine de l'homme. Son cœur est alors extrait et brandi vers le ciel tandis que les officiants recueillent le sang dans des vases. Et les victimes se suivent pour la gloire de Xocotl, et les cœurs encore palpitants sont autant de nourriture essentielle qui permettra au soleil de ne pas arrêter de tourner, de briller, d'être de feu...

Si vous êtes chevreuil du mois du feu :

Besoin de paraître, de séduire et d'être "en vue". Peut l'être compte tenu de dispositions à être impérieux, impérial et majestueux en tout. Exigeant à vivre, sait se montrer d'une générosité débordante mais quelque peu ostentatoire. Orgueilleux, franc, possède une mentalité de conquistador et de vainqueur. Séduit les cœurs et les esprits par un côté chevaleresque et courageux mais surtout par ses qualités humaines. A "une âme grande et noble". Mais tout en ayant un grand cœur et de nobles sentiments n'est pas toujours désintéressé. Ses dévouements peuvent être des traites sur l'avenir... Des oppositions dans le comportement social. Peut être à la fois communicatif, expansif, démonstratif, mais aussi réservé voire solitaire et silencieux. Ces deux rythmes peuvent surprendre mais seront surtout l'objet d'inquiétudes intérieures. Est un bâtisseur de chefs-d'œuvre. Ne peut faire que du beau et ne peut vivre que de grandes choses et de grands sentiments. A force d'en être convaincu peut devenir insupportable de fatuité. Une grande résistance physique et morale avec des réserves d'énergie disponibles pour toute entreprise. Se fait envier, convoiter mais jamais mépriser, ni dédaigner. Cultive une opinion très avantageuse de lui-même mais le fait sans arrogance ni insolence excessive. En conclusion, un grand personnage...

Le chevreuil du mois de la terre-mère
(du 21 août au 9 septembre)

Le *"logos"* de la planète terre est la déesse lune, reine des cycles de la fécondité. Cette antique déesse mi-lune, mi-terre a une mission fondamentale qui se résume par le chiffre un. Elle préside à la naissance de tout ce qui vit. Puis en un deuxième temps, elle devient la mère-nourricière de ce qui est né. Mais là est une angoisse : pour que la végétation croisse en moisson et en fruits afin que les hommes ne meurent pas de faim, la déesse a besoin elle-même d'une alimentation humaine. Et la terre, principe de vie, se trouve mariée à la terre, principe de mort. C'est ainsi que pendant ce mois chaud d'été, des sacrifices sont commis, permettant à la terre de s'imprégner de sang, d'en absorber *"jusqu'à plus soif"* grâce aux cadavres des sacrifices dont on la recouvre.

"L'eau précieuse" était offerte par les suppliciés suivant un cérémonial précis et sévère. La moindre des erreurs dans le rituel était châtiée sous forme d'amendes et de pénitences. Les futures victimes, habillées comme la déesse terre et parées de ses attributs, avaient à mimer la vie présumée de la divinité avec force gestes, danses et propos. Puis, le spectacle se poursuivait sous forme d'une procession jusqu'au lieu du sacrifice. Des offrandes étaient déposées au pied de l'autel : fleurs, bijoux, oiseaux, maïs, vêtements... Enfin les victimes choisies devenues dieux eux-mêmes, étaient sacrifiées à la terre-mère.

Et il est dit que la terre rassasiée se montrait alors bonne-mère... Il convenait lors de ce mois dédié à la mère des dieux, d'immoler une femme en lui coupant la tête. Et la décapitation avait lieu alors que le souverain passait ses guerriers en revue. Des encensoirs du côté de l'autel, des cris de guerre, des sifflements de pipeaux et les graves vibrations des conques du côté des soldats...

Enfin, les festivités de ce mois se terminaient par des simulacres de combats entre les femmes-médecins et les sages-femmes. La liaison terre-mère, femmes accoucheuses et femmes guérisseuses, dont un des rôles était d'éviter que les mères meurent en couches, était ainsi réalisée.

Si vous êtes chevreuil du mois de la terre-mère :

Intelligence pratique, tournée vers le matériel, la technique. Besoin d'être rassuré par de la saine logique et du raisonnable. Esprit analytique, aimant décomposer les idées et les sentiments. A de l'ordre, de la méthode, de l'organisation. Imagination retenue au profit de la raison pure. N'est pas toujours à l'aise dans le monde. A besoin de temps et de réflexion pour donner son amitié, son amour ou même son temps. Une sociabilité discrète. Très sensuel, domine cependant ses exigences. A une affectivité débordante et une tendance à la communion des cœurs mais scrupuleusement contrôlées. Ne peut s'empêcher d'exercer un esprit pointu et critique. Juge, commente et n'est pas toujours tendre. Dualité donc entre être spontanément généreux de ses sentiments et être un censeur examinant leur valeur logique. "Les coups de freins" dans les élans ne seront pas toujours bien perçus. Paraîtra alors ennuyeux, agaçant, précautionneux à l'excès. Avec le temps, cette fâcheuse inclinaison à la critique pure, risque de donner naissance et d'entretenir des états de tristesse et de chagrin. S'enfermera alors dans une vie uniforme, dépourvue d'intérêt pour le collectif et le social, uniquement tournée vers des sensations égoïstes. Un sens du devoir poussé à l'extrême : obéit facilement aux lois, aux convenances, à l'équité et à la morale. Ce sentiment du devoir peut devenir éprouvant à supporter.

Le chevreuil du mois du retour des dieux
(du 10 septembre au 29 septembre)

    Le retour du jour, du soleil, de la pluie, des oiseaux... sont autant d'évènements "cosmiques" rassurants pour l'homme. Le retour à la terre-mère étant le dernier retour plus craint qu'espéré mais cependant inéluctable car éternel. Pendant ce mois du retour des dieux - Teotleco - tous les dieux étaient à l'honneur. Impieusement, une analogie peut être proposée avec le mois de novembre du calendrier Julien et ecclésiastique dont le premier jour est celui de la fête de tous les saints.

    Des prêtres méditaient sur le temps restant à vivre des encore-vivants et sur la préparation de leur voyage sans retour. Des offrandes étaient déposées aux quatre coins des villes, au pied des statues ou dans des sanctuaires. Mais surtout le moment était aux spécula-tions théologiques. Les Mayas, avec les Aztèques, étaient les plus religieux des Indiens. Les personnalités divines étaient innombra-bles et il convenait d'accueillir avec somptuosité tous ces dieux nés du ciel, de la terre, du feu, des plantes, des animaux... Les plus vénérés étant Quetzalcoatl, "le serpent à plumes", Xipe, "celui qui revêt la peau des victimes écorchées", et plus tard, Tlaloc, le très ancien dieu de l'eau et de la pluie. Il y avait aussi Tlazolteotl, déesse de l'amour, et ses quatre sœurs, Xolote le dieu-chien, Chicome-coatl la déesse des sept épis et tout le cortège des jeunes dieux du maïs, de la jeunesse, de la musique, des jeux, du chant, des fleurs... Sans parler des dieux locaux, petits dieux des récoltes, des ban-quets, des beuveries et autres orgies dont les plus célèbres étaient les "quatre cent lapins" ! Un proverbe courait alors pendant ce mois de réjouissances : "A chacun son lapin", voulant dire "laissez-moi boire comme je l'entends" !

Si vous êtes chevreuil du mois du retour des dieux :

Personnalité vivant un décalage entre son émotivité, son affectivité et sa sensibilité et une agressivité de ses pulsions. Difficile à toujours comprendre compte-tenu de fluctuations dans les humeurs et de transformations inattendues des sentiments. A tendance à se sous-estimer et à se fabriquer des complexes. Possède pourtant des aptitudes remarquables pour entreprendre et terminer ses travaux. Se contentera parfois de positions de second ordre par crainte de ne pas être à la hauteur des tâches demandées. Très chaleureux, a besoin impérativement des autres mais ne peut s'empêcher de les griffer parfois par des propos aigres-doux et des acidités de comportement. A des rapports avec les autres en deux temps : a d'abord tendance à les croire sur parole et à se laisser porter par leurs déclarations affectives ; puis en cas de déboires, en un deuxième temps, réagit vertement. Malgré des apparences de souriante passivité, a un sens des responsabilités très vif. Lorsqu'il accepte de s'engager dans des sentiments ou des travaux, suit une ligne de détermination farouche. Les capacités tant intellectuelles qu'humaines permettent de réussir dans la psychanalyse, les métiers de la police, de la recherche, de la médecine et le para-médical.

Le chevreuil du mois de la montagne
(du 30 septembre au 19 octobre)

La montagne est le sanctuaire de la pluie ; les nuages s'accrochent à ses cîmes et l'eau descend de ses pentes. De plus, les sommets sont les points de rencontre du ciel et de la terre et deviennent pour les humains audacieux des excuses à ascensions. Vu d'en-haut, l'homme apparaît fort petit ! c'est pour toutes ces raisons que le culte de la montagne est associé à la fois à celui de la pluie et de la suprématie.

Le couple des dieu et déesse suprêmes appelés Seigneur et Dame des nourritures chez les Aztèques, siégeait au sommet de la montagne-univers, dans une sorte de paradis céleste portant le nom de "treizième ciel". Et de là-haut étaient déterminées les destinées. Habitant les sommets, des petits dieux - les Tlaloques -s'occupaient des nuages et des pluies. Pendant le mois de la montagne, afin d'obtenir des pluies bienfaisantes, des danses étaient organisées. Couronnés de plumes d'aigles, peints avec du sang de serpent, les dignitaires mimaient les dieux et déesses et imploraient leurs bienfaits en faisant sonner des gongs, des cymbales ou des cloches.

Si vous êtes chevreuil du mois de la montagne :

Priorité est donnée à l'amour, à l'amitié, à la sympathie, à l'affectivité sous toutes leurs formes. Conjugue tous les thèmes de l'amour avec une préférence pour l'amour physique plus que pour l'amour platonique ou l'amour mystique. A besoin de grandes sensations et de grands sentiments. Ne peut vivre que dans des passions réciproques et des communions de cœur et de corps. Beaucoup de charme, semble posséder une sorte de formule magique lui permettant de se faire aimer et désirer. Sait plaire et le sait. A trop tendance à se laisser porter par son affectivité et à jouer ou être le jouet de ses affections. Sensibilité très proche des romantiques. Se laisse facilement exalter et emporter par toutes sortes de sentiments qui parfois sont peu crédibles. Des conflits intérieurs sont à craindre. Le caractère se veut également volontaire, raisonnable et efficace. Dons pour s'exprimer dans des professions artistiques, poétiques, de spectacle. Sera à la fois inspirateur et impresario, muse et acteur. Vit à deux rythmes : tantôt prêt à toute communication et échange, tantôt reste réservé et plus égoïste. Comportement pacifique, doué pour toutes sortes de négociations ; très diplomate, sait être un intermédiaire remarquable pour éviter des conflits d'idées, d'idéaux, d'opinions et de sentiments. D'où des professions de conseiller, de psychologue, de consolateur. Sait dissimuler sous de la politesse raffinée ses exigences. Habile, subtil dans ses relations sociales, sait trouver les mots et les gestes qui conviennent pour captiver, séduire et entraîner dans des liaisons non dangereuses. A trop jouer de diplomatie peut se contenter de vivre en statu-quo. Mélange alors souplesse, diplomatie, habileté, prudence et intrigues...

Le chevreuil du mois de la chasse
(du 20 octobre au 8 novembre)

Le quatorzième mois qui porte le nom d'un oiseau, Quecholli, est dédié au dieu de la chasse Mixcoatl. Le moment est à la fin des récoltes et surtout à la chasse et à la pêche. Les hommes s'occupent de leurs arcs, filets et javelines tandis que les femmes conduisent leurs enfants au temple de Mixcoatl afin que le dieu soit distrait par leurs danses et leurs chants. C'est une prêtresse, qu'on appelle ''la Dame Blanche'', qui est chargée de recevoir les enfants, de les présenter au dieu et de les faire danser. Et les jeux se poursuivent jusqu'au coucher du soleil alors que l'encens brûle dans les osten-soirs et que la femme-prêtre, tout en surveillant les enfants, psal-modie des prières afin que les hommes puissent être de "grands chasseurs, habiles et courageux et non des errants sans terre ayant à combattre des monstres..."

Si vous êtes chevreuil du mois de la chasse :

Intelligence critique, tourmentée mais remarquablement bien structurée. D'où de l'analyse, de l'argumentation, une puissance de création, de la concentration et de la perspica-cité. Très instinctif, a besoin de satisfaire sa sexualité. Aime l'amour sous toutes ses formes, pratique volontiers l'amour-passion, l'amour-romantique. Se sent double et souffre de ne pouvoir séparer les impulsions qui l'habitent. Veut être doux, égal d'humeur, généreux et aimable mais se sait également agressif, acide et impulsif. Très courageux et tenace, se sert d'une volonté impérieuse pour atteindre ses buts. Activité intense, se joue des obstacles et des difficul-tés. Prend plaisir à avoir des problèmes, ceux-ci étant des stimulants. Combativité et très forte vigueur morale, psychique et même physique. Dispose de quantités insoup-çonnables de forces agissantes. Apporte de la véhémence et de l'entêtement dans ses travaux. A horreur des demi-mesures, décide, tranche et se montre indomptable. Quel-ques crises d'énervement lorsque son efficacité ne semble pas reconnue. Semble ne jamais avoir peur en face des dan-gers. Plus introverti qu'extraverti, aime se recueillir, médi-ter, réfléchir dans des endroits confortables mais secrets. Ne peut envisager des actions vaines. Des côtés magnétiques, capable de fascination et de provoquer de puissantes attrac-tions. Un côté Méphisto !

Le chevreuil du mois des plumes
(du 9 novembre au 28 novembre)

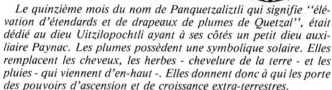

 Le quinzième mois du nom de *Panquetzaliztli* qui signifie "élévation d'étendards et de drapeaux de plumes de Quetzal", était dédié au dieu *Uitzilopochtli* ayant à ses côtés un petit dieu auxiliaire *Paynac*. Les plumes possèdent une symbolique solaire. Elles remplacent les cheveux, les herbes - chevelure de la terre - et les pluies - qui viennent d'en-haut -. Elles donnent donc à qui les porte des pouvoirs d'ascension et de croissance extra-terrestres.

 La profession de plumassier - *amanteca* - avait les honneurs de la cité. Les artisans étaient experts dans l'art de coller les plumes multicolores des oiseaux tropicaux sur des roseaux, les toiles des vêtements et des tapisseries et teintures des temples. Ils exploitaient surtout les plumes d'un oiseau - le quetzal - vert et rouge et dont les plumes de la queue étaient longues et luisantes, à l'occasion de coiffures et de panaches. Ils utilisaient également les plumes de perroquets, des duvets d'oiseaux-mouches pour tisser des mosaïques de plumes. Or, le héros civilisateur des civilisations a nom *Quetzalcoatl*. Il est le dieu-oiseau et le dieu-serpent confondus. Le premier "enfonçant ses griffes dans le corps du second afin d'en extraire le sang destiné à former l'homme civilisé..."

 Le serpent à plumes était né... Et pour que ce vieux-dieu, l'ancêtre des ancêtres, continue à protéger les hommes et leur donne leur soleil quotidien, leur pluie nourricière et leur maïs indispensable à leur survie, des sacrifices étaient accomplis. Des victimes couvertes de plumes étaient ainsi immolées au dieu du mois qui ne pouvait que réserver à ses protégés une destinée éternellement belle.

Si vous êtes chevreuil du mois des plumes :

 Tempérament optimiste, jouisseur, voulant profiter de toutes les bonnes choses de la vie. Des ambitions et suffisamment de courage et de ténacité pour atteindre ses objectifs. Détermination et même agressivité pour supprimer les obstacles et désarmer les ennemis éventuels. Animé de très fortes pulsions, parfois difficilement contrôlables, qui le poussent à des réalisations généreuses et surhumaines ; un petit goût pour les missions impossibles. Capable de s'engager ; apparaît comme un homme ou une femme de foi, d'espérance, comme peuvent l'être les missionnaires et les polémistes de toutes idéologies. Sait protéger ses intérêts personnels et ne se laisse pas emporter par ses réussites ; aime protéger ses carrières et ne pas prendre de risques inutiles. D'une manière générale, est bienveillant compréhensif, peut même être indulgent envers les êtres qu'il aime. Mais attention aux manques de parole ! Les mots se feront ironiques et les comportements caustiques. Tient à son aisance, à son quant à soi confortable, à ses comptes en banque et assurances en tout genre. Mélange étonnant de qualités parfois contradictoires, le tout coiffé par une petite agressivité toujours prête à servir.

Le chevreuil du mois de la pluie
(du 29 novembre au 18 décembre)

L'eau, la pluie et la végétation sont indissolublement associées. La pluie est la semence ou le sperme de la terre comme l'est aussi le sang. C'est pourquoi, lors de ce septième mois appelé "la descente de l'eau" - Atemozli - des victimes sont offertes aux divinités de la pluie. Mais les immolés ne sont pas que des humains ; il s'agit de statuettes en pâte d'amarante, bois acajou de couleur pourpre velouté, sculptées aux traits et attitudes présumés des dieux. Et le sacrifice a lieu : à coups d'outils, notamment une lame servant à tisser, les statuettes sont immolées.

Sur les plates-formes entourant le sommet des temples, les statues à forme humaine sont parées. Des bannières brodées de plumes de toutes les couleurs sont fixées à leurs mains de pierre. Les frises représentants des papillons - symbole de soleil et de feu -sont aspergées d'eau. Les autels aux formes inquiétantes, car représentant des animaux fantastiques : tortues, serpents à deux têtes, masques grotesques, crocodiles, crapauds... sont préparés. Et les captifs destinés à être sacrifiés montent lentement en procession les marches du temple.

Si vous êtes chevreuil du mois de la pluie :

Personnalité harmonieuse, sachant orchestrer ses inclinaisons, ses pulsions, ses espérances, en un tout équilibré. Sympathique, généreux ; pratique une certaine mondanité ; se montre disponible à tous contacts amicaux et amoureux, le tout avec aisance et élégance. Un petit côté dandy, sentimental et arriviste. Aime faire des affaires pour le plaisir du jeu, de l'argent et de la réussite. Agréable à fréquenter, plaisant à vivre et surtout très tendre à aimer. Grande sensibilité avec des émotions profondes, de la bienveillance et de la loyauté. Se veut jeune de caractère, entretiendra sa forme. Bon vivant, épicurien, est attiré par le confort et par tous les plaisirs de l'existence. Ne laisse jamais passer une distraction, une sensation, une joie sans vouloir en profiter pleinement. Aime commencer des travaux et a suffisamment de ténacité et de patience pour se lancer dans des entreprises longues et parfois pénibles. Un penchant pour les méditations, la culture et les arts. Prendra parfois des allures de conquistador et d'amazone afin de se dégourdir l'esprit, le cœur et les jambes. Une mentalité de grand enfant avec des ambitions pas toujours raisonnables, des espérances et des curiosités pour tout ce qui bouge, est vivant et peut donner des jouissances faciles.

Le chevreuil du mois des astres
(du 19 décembre au 7 janvier)

La vieille déesse des astres, Illamatecuhtli, est à l'honneur pendant ce dix-septième mois - Tililt -.

Les Aztèques et les Mayas étaient des peuples les plus doués pour l'astronomie.

Fascinés par les retours cycliques des phénomènes célestes et mathématiciens exceptionnels, ils avaient mesuré avec une précision remarquable les aller et retour, apparitions et disparitions des astres - soleil, lune et vénus. Or, les secrets de la volonté des dieux célestes sont angoissants... Que d'interrogations ! Le cycle du soleil ne s'arrêtera-t-il pas ? La pluie apparaîtra-t-elle en son temps ? Et que dire des mystères des jours et des nuits, des naissances et des morts ?

D'où des prières et des sacrifices à la plus ancienne des déesses, celle-là même qui a assisté à la naissance de l'univers bien avant l'arrivée du monde des quatre jaguars, ainsi appelé parque que l'humanité d'alors fût dévorée par des félins devenus après leur forfait des étoiles dans le ciel -leurs robes tâchetées se prêtent à consteller le firmament. Or, la déesse exigeait le sacrifice d'une jeune femme, choisie pour sa beauté et sa pureté, que l'on habillait de blanc pour la circonstance. Mais comme cette fête n'était point triste, des danses et des chants étaient organisés ainsi que des batailles amicales entre garçons et filles. Les armes étant des polochons...

Si vous êtes chevreuil du mois des astres :

Personnalité complexe car animée de pulsions opposées. Très secondaire, lent à mettre en route mais obstiné jusqu'à l'entêtement pour terminer et parfaire les travaux entrepris. N'improvise rien, réfléchit tout, ne se laisse pas porter par ses imaginations et par ses rêves. Très forte dualité dans ses relations. Des humeurs en noir et blanc ; tantôt chaleureux, prêt à toute communication et à exprimer avec spontanéité ses sentiments, tantôt réservé jusqu'au silence. Aime les moments de retraite et de solitude confortables. Accumule des énergies qui, lorsqu'elles sont exploitées, conduisent à des résultats exceptionnels. Très grande puissance de travail avec un goût prononcé pour les études ou les professions "en profondeur" qui demandent de la patience ; un petit côté "étudiant à vie". Volonté calculée, réfléchie, froide avec un sens de la prévoyance, de la thésaurisation et de l'économie. Donne peu mais à bon escient. Semble parfois manquer d'audace et d'enthousiasme mais en réalité est très ambitieux, travailleur acharné même en secret. Intransigeant dans ses prises de position, peut être difficile à vivre pour qui ne comprend pas les côtés vertueux du caractère. Une sensualité puissante, avide de sensations mais préfère s'abstenir que d'appartenir à n'importe qui. A besoin de comprendre, d'approfondir, d'aller jusqu'au bout de ses idées et de ses sentiments. Avec le temps aimera s'installer dans des ambiances confortables, égoïstes et égocentriques, entouré d'amis suiveurs et admirateurs.

Le chevreuil du mois de la croissance
(du 8 janvier au 1er février)

Ce dix-huitième mois, celui de la croissance - Zcalci - consacré au dieu du feu, mettait à l'honneur les enfants. Le développement progressif de la végétation, les âges et les crises de croissance de la nature étaient reconnus comme comparables à ceux de l'enfant, aussi, afin d'obtenir les faveurs du dieu créateur de toute chose, un cérémonial au cours duquel les enfants faisaient l'objet d'opérations spécifiques, était élaboré.

Les enfants choisis "pour la gloire du dieu du feu" étaient amenés près d'une prêtresse-médecin-guérisseuse. Celle-ci, avec habi-

leté et compétence -elle connaît tous les remèdes magiques qui gué-
rissent, endorment, soulagent, ferment les blessures - leur perce les
oreilles, puis, les présente aux flammes d'un brasero ou d'un brûle-
parfum en psalmodiant des incantations et autres prières. Le perce-
ment des oreilles permettant à la fois la pose de boucles, d'os et
anneaux mais surtout affirmant au dieu l'appartenance, voire la
soumission, de l'enfant nouvellement initié.

Si vous êtes chevreuil du mois de la croissance :

Personnalité très difficile à saisir, à la fois mûre, adulte, raisonnable, auto-disciplinée et en même temps irrespectueuse des autorités, libre comme l'air, sensible à toute imagination, aux idéaux élevés et même à quelques superficialités. Une tendance à dépenser ses forces sans compter d'où des états de fatigue suivis de renouveaux d'enthousiasme. Un mélange de pessimisme et d'optimisme qui n'est pas sans créer des angoisses intérieures. Beaucoup d'ambitions ; une force de caractère étonnante, qui peut servir à la réalisation de créations originales. Sens de l'autorité, des conventions, des principes et de l'obéissance, mais en même temps a besoin de jeter aux orties ses bonnes résolutions afin de se sentir libre et libéré. Se protège cependant de ses chimères et de ses illusions car demeure fondamentalement conservateur et prudent. Sait mobiliser ses forces avec efficacité. A parfois tendance à écraser les autres de sa personnalité. Se fâche alors, et boude devant les remontrances... A besoin périodiquement de prendre le large, de chercher des horizons nouveaux et de vivre sa crise d'individualisme.

6.

LES RELATIONS DU CHEVREUIL
AVEC LES AUTRES
SIGNES ASCENDANTS

Très sociable, naturellement sentimental, vos contacts avec les autres seront privilégiés. Ils le seront d'autant plus que vos sentiments sont réfléchis et que vous ne les dispersez pas tout azimut dans des débauches de sympathie au premier degré. Vous êtes un être relationnel mais cependant avec des nuances car vous êtes prudent, réfléchi, pudique même lors de vos premières approches tout en étant ouvert aux autres. Vous écoutez leurs problèmes en tentant de les résoudre et n'êtes jamais avare de vos tendresses pour consoler qui souffre. Vous êtes à l'écoute de l'humain, vous réservant de participer ou non à des engagements plus collectifs. Lorsque vous avez accepté le principe d'une communication "intégrale", vous faites montre d'une affectivité possessive et exclusive mais toujours chaleureuse. Si vous n'y prenez pas garde, votre affectivité peut même devenir envahissante. En effet, vous aimez envelopper qui vous aimez d'une sorte de manteau protecteur qui peut être pour certains étouffant. Vous n'êtes pas à proprement parler un mondain et encore moins un snob. Vos fréquentations avec le monde se font à petites doses et en petits comités avec des partenaires choisis pour des identités de comportement ; soit une tranquillité d'esprit et de cœur, une disponibilité à tout échange chaleureux, une complicité épicurienne pour le calme, la tranquillité, la non-violence et un chaud confort quotidien.

Comme tous les amateurs de plaisirs raffinés, sensoriels et voluptueux, comme tous les amateurs de bien-vivre et de bien-jouir, vous êtes un égoïste. Il s'agit là d'un luxe que vous offrez afin de rester optimiste ! Or, curieusement votre égoïsme ne sera pas contradictoire avec votre sociabilité. Vous penserez - comme tout le monde - que pour être heureux avec soi-même, il convient de s'occuper de soi d'abord et des autres ensuite... mais vous resterez cependant altruiste et parfois même généreux. Votre égoïsme vous protègera en fait d'être trop désintéressé et prodigue. Ce qui est une garantie d'amitié efficace et solide pour qui vous aimez, puisque vous ne vous disperserez pas dans des dépenses affectives somptuaires...

Le chevreuil et le mois de l'eau

Vous vivez à des rythmes totalement différents. De plus, votre définition de l'amour n'a rien à voir avec celle de ce partenaire. L'amour pour vous a des formes, il est fait de désirs physiques, d'érotisme, de contacts à longueur de corps, de communications, de possession et parfois même, d'asservissement. Or, votre partenaire donne à l'amour une définition moins humaine et plus idéalement humanitaire. Il pense que l'amour doit être une vertu ou un bienfait qui empêche l'égoïsme et qui développe l'altruisme et l'héroïsme. Il vous aimera avec son âme et son esprit alors que vous souhaiterez être aimé plus corporellement. Craignant l'amour-passion et l'égoïsme amoureux à deux, il donne priorité à la sensibilité amoureuse et la tendresse suggérée, à l'inspiration affective qui permet de se dépasser et de s'élever. Vos propos seront donc diamétralement opposés. Mais il n'est pas impossible que naisse de ces points de vue contraires, voire opposés, une complicité de cœur exceptionnelle ; l'amour glissera alors vers l'amitié, vers une entente au-delà de l'amour...

Le chevreuil et le mois du printemps

Votre couple se construira ou se diluera en deux temps. Premier acte, une attraction quasi mystérieuse. Vous serez séduit par l'informel de ce partenaire plein de sensibilité et de mobilité, doué d'une intuition exceptionnelle et apparemment nonchalant et influençable. Il vous semblera que vous pourrez le modeler à vos sentiments et à vos souhaits. En un deuxième acte, ce partenaire impalpable et impersonnel - dans le sens de voulant rester inconnu des "autres" pour de multiples motifs de pudeur, timidité, inquiétude existentielle - vous effraiera. Il vous semblera que vous aimez un fantôme et que vous serrez dans vos bras un mystère ! L'attirance initiale se transformera alors en crainte, en insatisfaction et en incompréhension. Il restera une complémentarité difficilement explicable, une entente à demi-mot quasi surnaturelle. Personne ne comprendra rien à votre co-habitation et surtout pas vous-même ! Avec du temps, de l'intelligence et de la tolérance, vous pourrez mettre au point un système de vie à deux, où chacun restera indépendant et où vous vous retrouverez uniquement pour le meilleur et jamais pour le pire.

Le chevreuil et le mois des fleurs

Votre partenaire vous semblera parfaitement incohérent ! Il vous apparaîtra comme un éternel adolescent ayant peu de chance de devenir adulte. Vous serez attiré par ses ambiguïtés de sentiments et de comportements mais vous serez également surpris et agacé par ses changements d'humeur et ses anomalies de décisions. Il se montrera tantôt rêveur, tantôt romantique et tendre, tantôt agressif, rêvant de plaies et de bosses. Vous accepterez le côté tendresse mais vous récuserez le côté belliqueux... Il est donc à craindre des heurts que seules de l'intelligence et de la tolérance pourront éviter. Ce partenaire vous semblera un amoureux-fiction, pas tout à fait vrai, pas tout à fait faux. Or, comme il vous faut des réalités, que vos sentiments et vos désirs ont les "pieds sur terre" et que vous craignez les imaginations et les illusions déséquilibrantes, vous capitulerez. Il n'y aura guère de pérennité dans votre vie de couple avec un partenaire aussi fantasque ! Vous remettrez votre amour en question chaque jour. Là est le moyen de lui donner longue vie...

Le chevreuil et le mois des champs

Votre entente ne sera pas toujours parfaite, il y a trop de différences dans vos manières d'aimer et de réagir. Votre partenaire est tout feu, tout flamme, impulsif, enthousiaste ; il veut tout et tout de suite et il vous jurera un amour éternel qui sera en réalité éphémère. Il vous ébouillantera par des sentiments en fêtes, des gestes, des propos et des étreintes passionnés que vous souhaiterez vrais mais qui s'évanouiront très vite, trop vite à votre gré. Vous serez même effrayé par ses velléités amoureuses que vous constaterez sans solidité ni pérennité à vos mesures. Quant à lui, il vous reprochera de ne pas réagir assez vite à ses espérances, de bouder et de remâcher vos fâcheries, bref de vous comporter en petit bourgeois plus qu'en grand aventurier de l'amour ! Vous aurez cependant des ententes sexuelles explosives avec des spasmes de volupté, suivies de ruptures fracassantes. Mais avec le temps, vous vous lasserez de ce partenaire-héros qui vous donnera des sensations sans tendresse, alors qu'il vous en faut tant !

Le chevreuil et le mois de la sécheresse

Votre entente sera parfaite sur tous les points. Vous vibrerez à l'unisson de vos corps et de vos cœurs en parfaite harmonie. De plus, vous aimerez bâtir ensemble un foyer solide, bien structuré et bien à l'aise financièrement et conjugalement. Vos goûts seront identiques ; vous aurez les mêmes horaires de vie et d'identiques souhaits de plaisirs quotidiens. Un petit danger que vous ne pourrez éviter sera de vous enliser dans une monotonie amoureuse faite de confort douillet et de commodité végétative égoïstement entretenus. Vous finirez par faire un bloc parfaitement égocentrique, bétonné de traditions et de conventions, fermé à autrui pour cause d'avarice... Vous aurez des centres d'intérêts identiques à l'image d'un point focal, soit des idées de constructions communes, de participation à deux têtes et à l'élaboration d'une famille père, mère, enfant qui vivront en circuit fermé. Tout cela est fort sécurisant, mais sent un peu le renfermé ! Avec un tel partenaire vous ne direz jamais "Famille, je vous hais ! Foyer clos, portes refermées..." Bien au contraire, vous entretiendrez jalousement vos "possessions de bonheur".

Le chevreuil et le mois des aliments

Il s'agit-là d'une très belle association. Votre partenaire sera tel que vous le souhaitez, tel que vous êtes et vous vous ressemblerez donc fort bien ! De plus, il vous apportera un petit zeste de fantaisie et une dose de "folie douce" qui vous raviront. Ce partenaire sera doué pour vous séduire par l'esprit, pour vous envelopper par le cœur et le corps et vous apporter tout ce dont vous avez besoin pour vous sentir heureux d'amour et épanoui de bienfaisantes jouissances. Mais une question restera en suspens. Ce partenaire, tout en vous adorant, ne restera jamais insensible aux compliments que l'on pourra lui faire ; d'où quelques possibilités d'infidélités qui resteront - soyons optimiste - heureusement "en pensée", du moins vous l'affirmera-t-il ! Vous aimerez ensemble réfléchir à des créations communes, à des travaux associant le travail bien fait, le profit et la tendresse. Il y a dans cette rencontre d'heureuses prévisions et votre roman d'amour pourra se terminer comme un conte : "et ils vécurent heureux et eurent beaucoup d'enfants..."

Le chevreuil et le mois du sel

Vos conceptions de l'amour sont différentes ; votre partenaire aime le marivaudage et le vaudeville, le libertinage et les sensations-minute. Or, vous n'appréciez guère les sentiments légers et superficiels ni les sensations bâclées. Vos dialogues amoureux seront donc différents. Vous ne vous comprendrez pas toujours puisque l'un parlera des réalités de l'amour, de la construction d'un foyer, de bases résistantes et de sentiments incassables, tandis que l'autre jouera avec son affectivité et bien sûr avec la vôtre. L'amour charnel est votre grand thème de vie, sans oublier ses accessoires : l'argent, les biens terrestres, le confort et le bien-être quotidien. Là sera une difficulté : votre partenaire, qui ne refuse pas toutes sortes de caresses et de tendresses, les aime érotisées. Or, votre sensualité plus instinctive, plus ''animale'', a besoin de contentements physiques et non métaphysiques ! Vous vous apprécierez cependant par des dispositions identiques pour toutes sortes d'arts. Vous aimez la beauté, l'esthétique, les œuvres d'art avec une tendance pour le réalisme. C'est ainsi que vous saurez embellir vos décors de vie et la rendre sensorielle. Votre partenaire recherchera davantage l'art pour l'art, s'occupant peu de technique mais davantage d'imagination, de surréalisme et d'invention. Cette complémentarité pourra déboucher sur une complicité affective qui se substituera à l'attraction sexuelle des premiers temps.

Le chevreuil et le mois du maïs

Votre entente sera parfaite à tous les niveaux. Vous vivrez en symbiose de cœur, d'idées et de corps. Vous appréciez tous les deux la tendresse, les beaux sentiments et vous dialoguerez à l'infini sur le tendre, le sensuel et l'esthétique de vos sentiments réciproques. De plus, vous chercherez à chaque instant de chaque jour à vous faire plaisir. Vous serez cependant plus réaliste et plus concret que votre partenaire, qui a trop tendance à se laisser emporter par un romantisme parfois excessif. Vous vous rassurerez mutuellement par d'identiques besoins de sécurité, d'épargne et de thésaurisation affectives. Vous apprécierez vos fidélités et même vos possessivités amoureuses. Vous stabiliserez les conceptions parfois un peu trop idéales de ce partenaire fragile de cœur. Vous saurez à la fois ne pas blesser ses états d'âme et sa sensibilité vulnérable, ses spleens, ses goûts pour l'intimisme et structurer confortablement votre vie de couple. Vous lui deviendrez indispensable et il vous deviendra vital. Petit à petit, une passion puissamment enracinée vous liera. Seront alors à surveiller un égoïsme à deux, un égocentrisme en circuit fermé.

Le chevreuil et le mois des fêtes

Ce partenaire ne sera pas toujours facile à aimer. Sa personnalité est en effet double. Il vit au rythme de tendances assez contraires. Les unes actives, affirmatives, progressives, les autres passives, influençables et peu audacieuses. Il n'est pas impossible que cette dualité vous excite et vous encourage à jouer les Pygmalion. Mais ce partenaire, malgré des apparences ensommeillées et par trop modelables, ne le sera pas autant qu'il le montrera. Il y a beaucoup d'orgueil caché et de don de comédie chez lui ! Vous aurez au demeurant des ententes harmonieuses et riches en sensations délicates et raffinées. Vous ne vous ennuierez jamais avec ce partenaire aimable et aimant, très disponible à vous écouter parler d'amour.

Le chevreuil et le mois du feu

Votre rencontre sera celle des grands sentiments. Vous vivrez une très belle aventure amoureuse, à tendance passionnelle. Ce qui veut dire que vous aurez droit à des conflits, des frénésies, des emballements, des colères, des orages qui se termineront par des sauve-qui-peut... Votre partenaire vous aimera avec le souhait et le souci d'apparaître comme un grand amoureux, de vous être utile, indispensable, bref, d'être votre Pygmalion. Il est certain qu'il pourra l'être puisque sa grandeur d'âme et de cœur sont sans faille... Mais à de grandes ostentations et de fort belles démonstrations d'amour, vous préférerez des tendresses et des sentiments plus intimistes. Vous aimez les confidences discrètes, les caresses feutrées, vous avez le goût de votre intérieur et un penchant pour les petites sensations quotidiennes. Or, votre partenaire cultive les amours spectaculaires. Son lyrisme vous agacera, tandis que vos attendrissements le feront sourire... Bien sûr vous lui trouverez beaucoup de prestige, de la présence, une puissance amoureuse appréciable mais en même temps, vous le trouverez un peu trop "théâtreux". Pour vous, l'amour n'est pas que dans le langage et les gestes, il est aussi dans les discrétions. Il y a des voluptés qui ne se disent pas mais se consomment en silence !

Le chevreuil et le mois de la terre-mère

Vous aurez beaucoup d'affinités mais peu de dialogues "charnels". En effet, vous aimez les voluptés de l'amour et vous appréciez le palpable des sensations ; il vous faut de la chaleur, de la tendresse et de la sensualité à haute dose. Or, votre partenaire a toujours tendance à associer la logique des sentiments avec l'irrationnel des sensations. Il voudra comprendre pourquoi il vous aime et connaître la naissance et la finalité de ses sentiments. Vous n'en demanderez pas tant... Il vous suffit que votre sensualité gourmande du moment soit satisfaite ! Vous n'avez pas besoin d'un partenaire mesurant et pesant ses inhibitions, ses craintes et ses refus. Vos exigences affectives et sensorielles fatigueront avec le temps ce partenaire trop cérébral ; vous penserez, quant à vous, que celui-ci dépoétise un peu trop vos sentiments en les asséchant de logique et de raisonnement. Bien sûr vous avouerez que vous êtes romantique, que vous trouvez du charme aux couleurs, à la poésie, à la générosité de l'amour mais vous ne penserez jamais, à juste raison d'ailleurs, que ces aptitudes à aimer l'amour soient un défaut. Votre partenaire sera de votre avis mais il se gardera bien d'en convenir, question de discrétion, de complexe, de perfection et de scrupules !

Le chevreuil et le mois du retour des dieux

La personnalité de ce partenaire vous plaira. Il sera pour vous un amoureux tendre, raffiné, doué de savoir-faire et de savoir-aimer mais possédant également un sens pratique et une objectivité efficaces et fort utiles qui s'harmoniseront avec vos dispositions personnelles. Votre secondarité de comportement, votre prévoyance, circonspection et égalité d'humeur lui seront précieuses. Vous associerez vos deux sensibilités afin de vous aimer tranquillement, sans heurt et sans drame. La tendance à la perfection de ce partenaire vous agacera quelque peu ; si vous n'y prenez pas garde, il pourra en effet vous entraîner dans ses manies, ses routines et ses obsessions, ce qui nuira évidemment à l'épanouissement de votre vie de cœur. Vos relations sexuelles seront romantisées ; cela se traduira par des séances de charme mais aussi des conflits lamartiniens et parfois même des remises en question. Ce partenaire est plus égoïste que généreux. Il s'agit à la fois d'une pudeur déguisée et d'une recherche de pureté sentimentale et d'une feinte devant des passions possibles afin de ne pas en souffrir.

Le chevreuil et le mois de la montagne

Vous vous aimerez avec des trémolos dans la voix et des frémissements dans le corps. Vous êtes faits pour vous entendre, pour vous compléter, vous harmoniser et vous fondre. Votre sensualité est identiquement gourmande et vos exigences ont besoin des mêmes raffinements. Une petite différence se glissera cependant dans votre manière de vivre. Votre partenaire est plus mondain et plus affectif en extérieur ; ce qui lui donne une ouverture à autrui et un charme relationnel que vous n'apprécierez pas toujours, question de jalousie ! Vous êtes en effet possessif, et vous vous imaginerez des infidélités et des inconstances là où il n'y aura que du badinage. Comme vous ne pourrez vous empêcher de lui formuler votre mécontentement et de lui demander un peu plus d'exclusivité, vous risquez, avec l'arrivée d'une saturation, de vous retrouver célibataire ! Pour être amoureux, ce partenaire n'en accepte pas pour autant les contraintes qui touchent à sa liberté de cœur et son indépendance d'esprit. Un peu orgueilleux, assez susceptible, parfois méfiant, il se sentira mal compris, mal

aimé par vos déclarations de propriété et il vous quittera alors, en quête d'un foyer plus compréhensif, plus calme, moins turbulent et plus policé de bonnes manières.

Le chevreuil et le mois de la chasse

Votre programme amoureux sera commun. Vous avez les mêmes faims et soifs d'amour-sensation, de charnel et de sensualité. Vous aurez donc une attraction certaine, reposant notamment sur "l'œuvre de chair". Ce partenaire se montrera cependant plus passionné, plus violent, plus électrique que vous... Ses sentiments, émotions et instincts sont en fusion constante, ils suivent un rythme en flux et reflux, fait d'explosions et d'accalmies, de bourrasques et de houle. Cette agressivité affective ne vous conviendra pas. Vous n'êtes pas du genre à "mourir d'amour". Sans en arriver jusque là, il est cependant certain que vous aurez une complicité de cœur et de corps très profonde. Puissamment enracinés, vos sentiments respectifs dureront éternellement. Ce qui ne sera pas facile à assumer ni pour l'un ni pour l'autre. Si vous passez le cap du tragique, vous pourrez réaliser ensemble de grandes et belles choses. Vos forces seront mobilisées vers des buts communs et ce partenaire vous deviendra irremplaçable. Et même s'il vous fait mourir d'amour à petit feu, vous ne pourrez le quitter. Ainsi le veut la magie de ce mois plein de mystères et de feux couvant comme une braise prête à exploser.

Le chevreuil et le mois des plumes

Ce partenaire sera imprévisible dans ses comportements. Il sera attachant par des qualités amoureuses et des aptitudes à la sensualité qui vous iront droit au cœur et au corps. Mais ce partenaire a en lui des pulsions contraires qu'il n'arrivera pas toujours à associer harmonieusement. Ses exigences de bonheur semblent être au-delà du bonheur quotidien ! Vous serez néanmoins séduit, étonné et attiré par ce partenaire intelligent, à l'humour critique et à la fois généreux de cœur et intolérant d'esprit. Vous vibrerez et souffrirez à son affectivité passionnée et selon une singulière et grinçante habitude il n'est pas impossible qu'il prenne plaisir à jouer avec vous comme un chat joue avec une souris. Vos sentiments amoureux seront constamment remis en question avec un tel partenaire, tant il cherche à se dépasser et à se surpasser dans des sentiments surhumains. Et par là-même, il vous entraînera dans une affectivité enchevêtrée, dangereuse et complexe. Vous aurez droit à des chauds et froids, à des étreintes brûlantes et à des ironies glacées... Peu survivent à un tel régime !

Le chevreuil et le mois de la pluie

Votre couple sera harmonieux, créatif et récréatif. Vous aimerez vivre l'un près de l'autre, dialoguer, partager les mêmes plaisirs et résoudre vos problèmes dans la sérénité, l'application et l'objectivité. Votre vision du couple et de l'amour est identique. Vous aimez le bonheur que l'on touche de la main et vous vous efforcerez conjointement de ne pas faire trébucher vos sentiments par des conflits métaphysiques ou des querelles romantisées à l'eau de rose. Vous vous aimerez sans chercher à vous faire souffrir mais au contraire, en vous comprenant, vous dévouant et surtout en vous apportant mutuellement le meilleur de vous-même. Malgré quelques excès de despotisme courtois et cela pour votre bien et celui de votre partenaire, votre vie de cœur se déroulera dans le meilleur des mondes...

Le chevreuil et le mois des astres

Vos goûts et vos définitions de l'amour ne sont pas identiques. Cependant, des dispositions communes vous réuniront, notamment en ce qui concerne le raisonnable et l'objectif de vos sentiments. Votre partenaire est volontaire et discipliné : il tente de maîtriser son destin, donc ses sentiments, avec une intransigeance parfois redoutable. C'est pour cela qu'il ne faut pas vous attendre à des démonstrations d'amour et à des débordements de tendresse. Or, vous en avez besoin ! Vous aurez des appétits de sensations amoureuses que ce partenaire ne pourra donc pas satisfaire. Il n'est pas chaste mais il est pudique, il n'est pas froid mais il est réservé... Vous trouverez ses comportements un peu monotones car trop bien programmés. Il reste que à deux, vous construirez un foyer solide et durable. Il sera cependant souhaitable que ce partenaire secret et silencieux comprenne que pour vous garder définitivement, il lui faudra vous manifester son amour autrement que par des discours pleins de bonne logique et de sévérité. Rien ne vous agace plus en amour que l'austérité...

Le chevreuil et le mois de la croissance

Vous n'aurez jamais fini d'être étonné avec un tel partenaire. Il vous apparaîtra comme un personnage étrange, doué de facultés étonnantes, intuitif, imaginatif, à l'esprit encyclopédique... mais cependant très difficile à comprendre et à aimer. Il vous déroutera notamment par une dualité dans ses comportements. Vous le croirez comme vous raisonnable, prudent et réfléchi, alors qu'il sera l'instant suivant poète, improvisateur et chimérique. Sa cérébralité ne manquera pas de vous perturber. Tout en étant à vos heures très poète vous-même - vous avez des dons certains pour toutes sortes d'arts - vous n'apprécierez pas à temps complet de vivre en pays d'illusions. C'est pourquoi ce partenaire à l'intelligence étonnante vous fatiguera par ses utopies et ses velléités. Inversement votre tendance à la possessivité, à la jalousie et à la rancune, surtout si vous les décolorez d'agressivité et de méchanceté, ne plairont pas à ce personnage indépendant qui se vengera par un humour parfois un peu grinçant et des ironies un peu trop abstraites. Il vous faut du palpable et vous ne comprendrez goutte à ses finesses psychologiques ! Qui prétend d'ailleurs qu'il les comprenne lui-même ?

du même auteur

Aux Editions du Hameau
LA CONNAISSANCE DE SOI PAR LES NOMBRES

Aux Editions Marabout
CONNAISSEZ-VOUS PAR VOTRE TYPE SOLAIRE
LES DOUZE GUIDES ASTROLOGIQUES
CONNAITRE ET COMPRENDRE SON ENFANT PAR
L'ASTROLOGIE
LE GUIDE DE LA CARTOMANCIE·

Aux Editions S.M.I.R. Tourcoing
ASTROCARDS - Coffret de Tarots divinatoires

Printed in Italy